新型スマホ決済から
新決済リスク、
金融業態改革、次世代決済まで

決済インフラ大全
2030年版

宿輪純一
Junichi Shukuwa

東洋経済新報社

まえがき

『決済インフラ入門』シリーズは、〝決済〟については、この1冊ですべてカバーできる書籍（教科書）として、特に金融機関や官公庁の方々、そして学生などの決済関係者の方々に「バイブル」としてご愛顧いただいてきた。第1版の『決済インフラ入門』は、2015年12月、その第2版の『2020年版』は2018年7月、第3版の『2025年版』は2021年7月に出版した。単なる〝周期〟で出版していったのではなく、大きな改革や潮流の変化に沿って必要性に応じて対応した。お陰様で大変好評で、本書はその〝第4版〟に当たる。

今回、ビジネスをご一緒させていただいている通貨・金融当局の局長から、内容からして書名を「入門」ではなく、「大全」にすべきである、との強いアドバイスを頂戴し、書名を『決済インフラ大全』に変更した。その意味合いも込めて、内容は〝より〟充実させた。本書も、決済関係者の方々に、さらに活用していただくことを願っている。

本書の巻頭では、最近の潮流、特に新型決済インフラをテーマとしている。主流となるスマホ決済、特にＰａｙシリーズ、相次ぐ金融機関の合併、デジタル給与、機械・犯罪・戦争などの新しい決済リスク、新通貨の発行、そしてデジタル通貨などを解説する。

もちろん、それ以外の各章の決済インフラ（決済システム）も、それぞれ改革が続いており、またトラブルも生じているものや廃止になるものもある。最新事情をもとに、それぞれ丁寧に解説した。

私自身は、〝現在〟でも、強い依頼があり「デジタル」（Digital）を始めとして、「メタバース」（Metaverse：デジタル空間経済）、「デジタル証明」（Digital Proof）、日本郵政（ＪＰ）の「ゆうちょ銀行改革」など様々な金融系の連盟・委員会に部会長などとして検討に参加している。メガバンクを始めとした金融機関や一流商社やメーカーの方々とも、様々な最前線のビジネスの現場で対応している。警視庁の捜査にも協力してきた。映画やテレビの金融監修も仰せつかっている。本書には、その現場の経験や知識も、許される限り織り込んだ。

最近の〝決済〟分野を俯瞰して、大きな潮流の変化は、スマホなどＩＴの進歩を基盤としながら、〝決済〟の中心が、「金融機関」から「顧客」（リテール）の方向へと少しずつ重心が移動している。それはまた顧客回りのＩＴ・決済業務の高度化、つまりは新型決済インフラとしての「スマホ決済」の発展である。しかし、それがまた、最近の犯罪（詐欺）増加の背景にもなっている可能性もある。

筆者は１９８７年に富士銀行新橋支店に入行し、98年に三菱ＵＦＪ銀行に転職した。メガバンクの企画部門等で勤務しながらも、全銀協（全国銀行協会）の決済関係委員会やＳＷＩＦＴ

委員会の部会長に就任し、また、資金決済法などの法律の制定などにも尽力し、決済システム改革を推進した。海外勤務も長かった。ベルギーのＳＷＩＦＴ本部にも数えきれないぐらい訪問させていただいた。それらの経験を書籍にまとめてきたが、本書で17冊目となる。

また、メガバンクに勤務しながら、勉強・研究を続け、博士（経済学）を拝受し、２００３年から非常勤講師として東京大学大学院・早稲田大学・慶應義塾大学で教えた。２００６年から（現在）メンバー1万1千人・開催４５０回の社会貢献公開講義「宿輪ゼミ」を主宰している。２０１５年に帝京大学に招聘され経済学部の教授として勤務し、最近では、特に増加する世界の留学生にも英語で教鞭をとっている。

テレビの番組では「通貨」を研究し40年、と紹介されることが多くなった。大学で学び、87年に富士銀行に入行してから、40年近い〝金融・通貨・決済〟の経歴に感謝するとともに、特に本書が決済関係者の方々にさらにお役に立つことができれば、今の筆者にとって、これ以上の喜びはない。また、社会貢献公開講義「宿輪ゼミ」へのお気軽なご参加もお待ちしています。

２０２５年3月

春の八王子の18階の研究室にて

宿輪純一

目次

第2章 決済の基礎

3　決済リスク具現化事件　89

第8章 海外系決済

第9章 証券系決済

第1章

Introduction of
Settlement Infrastructure

決済インフラの潮流

1 デジタル化の進展

(1) 経済成長戦略のデジタル化

金融・決済のベースとなっている〝**ＩＴ**〟（Information Technology：情報技術）については、**森喜朗**政権時代、内閣が「**ＩＴ基本戦略**」を決定し、２０００年（平成12年）[1]に「**ＩＴ基本法**」を成立させ「**ＩＴ戦略本部**」が設置された。基本方針「**e-Japan 戦略**」が公表され、成長が加速した。さらに、この後ＩＴを「**ＩＣＴ**」（Information and Communication Technology）として、ＩＴを**活用**して経済を成長させることに軸足を置いた。それは、まさに〝**デジタル化**[2]〟（Digitalization）に他ならない。

〝**デジタル化**〟は、単に、書面などを〝**コピー**〟（Copy）や〝**ＰＤＦ**[3]〟（Portable Document Format）の様に**読み取る**ことではなく、〝**データ**〟（Data）として**読み込み**、〝**経営的に活用**〟することである。これにより企業は、より早く、より正しい**経営判断**を下すことができるようになった。つまり、デジタル化とは、単なる利便性の向上ではなく、日本の〝**経済成長戦略**〟であった。**総務省**は、特にネットワークを所管するが、その総務大臣などを歴任した**菅義偉**が２０２０年（令和2年）に首相に就

(1) 日本の当局は主として〝和暦〟を使用する。筆者はそろそろ西暦に統一しても良いのではないか、とも考えている。

(2) 〝デジタル〟の反対語は「アナログ」（Analog）である。

(3) ＰＤＦは国際規格となっており、商標に関する表記は必要ない。

任し実装されていった。まずは、ＩＴを支える通信ネットワークのコストを大幅に削減させた。その後、２０２１年（令和３年）に**経済産業省**から独立するような形で、**「デジタル庁」**（Digital Agency）も発足させた。

デジタル（**Digital**）の〝Ｄ・ｉ〟はギリシャ語起源で〝２〟を意味し、ＯｎとＯｆｆで〝２進法〟的なコンピューター言語にも通じるところがある。このデジタル化の推進が「決済インフラ」、そして「決済システム」の改革を進める根本的な力ともなった。

また中央省庁や独立行政法人、地方自治体などの行政機関の行政システムなどを、政府（ガバメント）がクラウドサービスとして共同利用できるようにしたＩＴ基盤を**「ガバメントクラウド」**（Government Cloud：Gov-Cloud）という。日本の「**ガバメントクラウド**」の提供事業者は、日本の「**さくらインターネット**[4]」（SAKURA internet）である。

政権は、業務にかかわらず、〝**それぞれの省庁**〟がデジタル化を目標とした。具体的には、以下のようなデジタル化政策を行っている。その様相は「**一省庁、一デジタル**」ともいえる。

実務上の安全性については、「**リーテックス**」が契約書の電子化と電子署名技術による「デジタル証明」の提供を通じて実現するほか、効率性もサポートしている。

---

(4) 大阪に本社のあるＩＴ企業。筆者も個人のサーバーで契約している。さすがに、日本の会社を選んだ。

図表1－1　各省庁が実施している主たるデジタル化

経済産業省	キャッシュレス化の推進
金融庁	電子マネーの推進
財務省	国債等の無券面化
厚生労働省	給与のデジタル化
警察庁	逮捕状の電子化
総務省	マイナンバーカードの導入 （健康保険証、運転免許証の組込み）

（出所）筆者作成

(2) キャッシュレス化

デジタル化の第一歩として、日本ではまず、「**ペーパーレス化**」が進んだ。ペーパーレス化は１９９０年代から、金融機関を含めた経済界全体で、〝**自然（森林）保護**〟を主たる目的として進められた。

その後、２００９年（平成21年）に「**資金決済法**」（Payment Services Act）が施行され、金融業界においては、〝金融〟と〝テクノロジー〟が融合した[5]「**フィンテック**」（Fintech）が〝一気に〟普及することとなる。本分野の監督官庁は、２０００年（平成12年）に発足した「**金融庁**」（Financial Services Agency：ＦＳＡ）である。

その後、**安倍晋三**政権のとき、政権に近い関係にあった経済産業省は、その基本方針となる「**キャッシュレス・ビジョン**」（Cashless Vision）を２０１８年（平成30年）に発表し、**生産性の向上／経済成**

(5) 今回のフィンテックは、ＩＴ企業が主となり、金融に参入する形で行われた。

長戦略として〝**キャッシュレス**〟化を〝**国家目標**〟とした。

「**キャッシュレス比率**」の**目標**は、大阪・関西万博が開催される2025年6月までに〝**4割程度**〟とした。当時、日本のキャッシュレス比率は約20%であった。その後、**足元、2023年**の日本のキャッシュレス比率は**39・8%**と目標である4割の達成が確実視されている。

世界各国のキャッシュレス比率は、**経済政策・社会構造**によって〝様々〟で、先進国だから高いとは一概にはいえない。韓国が99・0%と高い数値で1位となり、2位は中国約8割強、3位オーストラリア約8割、フランス約5割、先進国で最下位は、ドイツで約2割。米国も約6割と〝比較的〟低く、欧米ではキャッシュレス決済が比較的浸透していないともいえる。

個人（リテール）金融分野の決済も、〝**紙**〟の〝**伝票**〟（Slip）による銀行窓口対応から、〝**ATM**[(6)]〟（Automatic Teller Machine：現金自動預払機）、そしてインターネットによる〝**PC**〟（Personal Computer）**決済**、そしてIT（スマートフォン）の進化により〝**スマホ決済**〟（Mobile Payment）を新型決済インフラへと移行している。

---

(6) ATMの前に、引出し専門のCD（Cash Dispenser：現金自動支払機）というものもあった。

(3) 決済インフラ[7]の発展

特に、日本では**総務省**によって、最高〝2万円〟まで配布した[8]「**マイナポイント事業**」で、**PayPay**などの**QRコード決済**[9]が大幅に伸びた。QRとは〝**Quick Response**〟の略で、トヨタの子会社デンソー（Denso）が1994年に自動車の部品を間違いなく指定させるために、コード[10]を振ったのが始まりである。自動車の部品[11]は〝約10万点〟といわれており、数が多く、しかも自動車であるため安全性が重視され、間違いは許されないために導入された。安全性の観点で、ミスが許されない世界で、人が数字をチェックする方式[12]の限界だったのかもしれない。

現在は、デンソーの子会社〝デンソーウェーブ〟（Denso Wave）の〝**登録商標**〟（Registered Brand）となっている。ちなみに、〝**バーコード**〟（Barcode）は、米ドレクセル大学の大学院生2人が1952年に開発し、その3年後に特許を取得した。**バーコード**は、各国により桁数に違いがあるが、日本では主流は13桁である。数字には意味があり、最初の2桁で〝**国**〟、次の5桁で〝**企業**〟、さらに次の5桁で〝**商品**〟（含む希望小売価格）を表すように構成されている。最後の1桁は確認用の〝**コード（チェックデジット：Check Digit）**〟である。最初の3桁は、国番号で、日本製は、**45×**で**450～459**か、**49×**で**490～499**である、という構成が一般的で

---

(7) 「決済インフラ」という言葉は、弊書『決済インフラ入門』（2015年）で定義して、新しく使いはじめた言葉である。

(8) 日本では〝強制的に〟国民に何かをさせるということは基本的には、戦争の反省も踏まえてできなくなっている。今回は経済学的におカネで遂行した。

(9) 詳細後述。

(10) しかも、効率化も進んでいる。たとえば、QRコードでは右下には□がない。このことによって、4方向から読み込むプロセスを省くことができる。

(11) ちなみに、EVの部品数は〝約3万点〟といわれている。

図表１－２　主要国のバーコードの例

中国	690 ～ 691
台湾	471
韓国	880

（出所）筆者作成

ある。
日本では２０２３年では、スマホを使う〝**ＱＲコード決済**〟の回数は、前年対比約３割伸びて〝約90億回〟、〝**クレジットカード**〟は前年対比約１割伸びて〝約１８０億回〟、交通系ＩＣサービスなどの〝**電子マネー**〟は前年対比約５％増で〝約60億回〟である。[13] ＱＲコード決済の中では、ソフトバンク系の**PayPay**が最も多く約7割を占める。このようにキャッシュレスの伸びは、最近でも続いている。また〝**タッチ決済**〟も急増中である。

キャッシュレス（Cashless）は経済産業省が所管しており、「**キャッシュレス推進協議会**」（Payments Japan Association）がその**業界団体**[14]となっている。**フィンテック**は、金融庁（総合政策局フィンテック参事官室 イノベーション推進室）が所管し、業界団体は「**Fintech 協会**」（Fintech Association of Japan）である。なお、金融庁には**FinTech サポートデスク**もある。

ガラパゴス化がいわれる日本の技術であるが、**スマホＱＲの**

---

(12) このような分野の更なる機械化・ＡＩ化は積極的に進めるべきと考える。

(13) 今後は、ＱＲコード決済とタッチ決済が主流となろう。

(14) 業界団体があるというのが、新産業が認可される一つの条件である。

コード決済は、タイの**バンコク**、**シンガポール**などで使用が拡大している。

また、**ブラジル**では、即時決済「**PIX**」（ピックス：Instant Payment System）が席巻している。これは、２０２０年に導入された、**ブラジル中央銀行**が主導する即時決済システムである。中央銀行がシステムの保有、運用や規制を担い、処理速度や効率、そして導入初日から銀行口座との全面的な統合を保証するという存在感を見せたものは、このピックスが初めてである。タイでは「**PromptPay**」（プロンプトペイ）、シンガポールの「**PayNow**」（ペイナウ）など、政府主導で推進する「**決済ナショナリズム**」が始まっている。

世界的に見ると、海外送金インフラとしては、米国の「**PayPal**」[15]（ペイパル）や英国の「**Wise**」（ワイズ）を始めとして、グローバル規模でさまざまな決済インフラが多数登場している。

2 相次ぐ金融機関の合併

実は、**銀行**（Bank）[16]を始めとした**金融機関**（Financial Institution）こそ「**決済**[17]**インフラ**」（Settlement Infrastructure）ということができる。しかも、日本に限らず

(15) 「ベンモ」（Venmo）はペイパル傘下の企業。

(16) 銀行（Bank）は金融機関のうち、銀行免許（banking license）を保有している先をいう。

(17) 「決済」という言葉の英語であるが、支払だけ（片道）の場合はPayment、支払・受取の両側があるときにはSettlementを使うようにしている。

世界中で金融機関の**合併（統合）**が続いている。残念なことであるが、合併が続くというのは、成長期を超えた業種に見られるものである。また合併は店舗数削減等、規模縮小と同時に進むことが多い。本書の「**金融機関**」とは、銀行を始めとした「**決済**」を行う企業を指す。

日本の代表的な都市銀行（都銀）である**３メガバンク（三菱ＵＦＪ銀行、みずほ銀行、三井住友銀行）**では、概数であるが、元々、店舗数：**約５００店**／行員数：５万人だったが、現在の経営計画では**約２００店**まで削減することとしている。業容を５分の２（４割）に縮小する産業となっている。

３メガバンクに限らず、もう１つの都市銀行である**りそな銀行**(18)や、**信託銀行**、**地方銀行**、**第２地方銀行**、**信用金庫**、**信用組合**、**農業協同組合・漁業協同組合**などまで金融機関においては、幅広く「**合併**」（**統合**）が進行している。

銀行を始めとした金融機関（決済インフラ）の課題の一つは、この「**合併**」対応、特に「**システム**」の合併対応である。たとえば、〝**合併行**〟である「**みずほ銀行**」の２０２１年の〝８回〟の**決済トラブル**は記憶に新しい。

「**決済インフラ**」である銀行の**決済ネットワーク**全体は、電気や水道と同様に、「**社会経済のインフラ**」となっており、たとえば**ＡＴＭ**が止まっても、そのシステムトラブルは**社会問題**となる。つまり、その決済インフラとしての銀行を順調に経営するこ

---

(18) 「りそな」とは、ラテン語で「Resona＝共鳴する、響きわたる」という意味。「りそな」関係では「りそな銀行」と「埼玉りそな銀行」は2行として取り扱うこと、独立した銀行として取り扱うことが要望されている。

とは**社会的責任**を持つ。

システムトラブルの原因として、詳細が不明のときなどに使われるのが「**容量オーバー**」という表現である。パソコンでも負荷をかけると〝**固まる**〟こともあり、文系の人間にも分かりやすい。しかし、本当の原因は他にあることもあり、慎重な対応が必要である。特に、**銀行が合併するときに**幾つかのシステム会社のシステムと組み合わせることになるが、特にシステムには「**相性**」（Compatibility）というものがある。〝**相性が悪い**〟とうまく機能しないことになる。その場合、システムは基本的には「**停止**」する。銀行の合併には、システムの統合が必要不可欠であるが、このシステムの「**相性**」の問題は避けて通れない。銀行合併が増加することはそのような**システムトラブルのリスク**が高まるということができる。特に決済を司る勘定系のシステムは銀行の根幹をなす社会インフラでその対応は重要である。

統合するシステムの方針は、システムの能力というよりは、**経営的な力関係**がモノをいう。強弱が決まっている場合には、たとえば、実質的に買収となった、東京三菱銀行とＵＦＪ[19]銀行の場合（現三菱ＵＦＪ銀行）は、勘定系（決済系）システムは、**東京三菱銀行**のシステムに**片寄せ**することになった。

みずほ銀行の場合は、ＩＢＪ[20]（日本興業銀行）と富士銀行と第一勧業銀行が２００２年に３行合併[21]した。基本的には３行対等であったが、最終的には「**ＩＢＪ**」と「**富**

(19) 三和銀行と東海銀行の合併行。

(20) Industrial Bank of Japan

(21) まずは「みずほ銀行」と「みずほコーポレート銀行」になった。

士銀行」の勘定（決済系）システムを**対等**に統合することになった。端的にいえば、つまりは〝**2本**〟のシステムが走ることとなった。システム会社も違い、「相性」が合うことは困難かもしれない。そこが何回か発生したシステムトラブルの一因となったとも考えられる。つまり、金融機関の合併のときにはどうしてもリスクが高まるのである。特にシステムの〝片寄せ〟で1本でない金融機関や決済システム関係で、システムリスクがどうしても残ってしまうということである。

２０２３年10月には、日本のリテール決済のほとんどを行う「**全銀システム**」でもトラブルが発生した。その原因は、当初は容量の問題が報道されたが、より詳しく調査が進むと、**接続部分**（中継コンピューター：ＲＣ：Relay Computer）でトラブルが発生していた。決済システムとトラブルが発生した11行のホストコンピューターのシステム（会社）が〝違った〟ことも一因といわれている。まさに、相性の問題である。この様なシステム統合などは、**アビームコンサルティング**などの協力も得て実行されている。

また、実際に筆者も決済業務部や事務企画部などに勤務した経験で分かったことは、システムは**実際に稼働**させないとどうなるか分からない部分が残る。つまり、**リハーサル**では分からないこともある。

3 主役のスマホ決済

特に〝リテール〟分野は、「**新型決済インフラ**(22)」の代表である〝**スマホ**〟(**スマートフォン／Smartphone**)(23)を中心として進化している。スマホは「**携帯電話**」が起源であるが、システムが高度化し、世界のリテール経済を変えた。金融サービスも取り込んでいき、今や我々の生活はスマホなしでは成り立たなくなっている。

1985年に「**携帯電話**」(いわゆるケータイ：Mobile Phone：Cell Phone)が登場し、その後、現在のような、いわゆる〝**スマホ**〟が登場したのは、2007年のアップル(Apple)社の「**iPhone**」(アイフォーン)とされている。

近年で、経済・金融・社会の改革〝**イノベーション**〟(Innovation)を起こしたのが、この「**スマホ**」ではないかと筆者は考えている。スマホの進化は、特に〝**カメラ**〟によってなされている。先に触れた**QRコード決済**や**バーコード決済**もこのカメラ機能を活用している。

携帯電話、とそれに続くスマホの普及たるや瞬く間で、最近では、日本では〝ほぼ全員〟(24)が保有している。会社支給などもあり、2台以上保有している人もいるために、人口以上となっている。

---

(22) 詳細後述。筆者が名付けた言葉。

(23) 英語の綴りでは、Smart Phoneであり、略称は「スマフォ」となるはずであるが、日本人には発音がしづらかったので「スマホ」となった。

(24) 世界のどこの国でもそうであるが、先進国では世代交代によってほぼ100%となりつつある。ましてや、「2台持ち」などで、台数では100%を超えることもある。

逆に、保有していない理由は、もちろん機械（ＩＴ）が苦手な**年配**の方もいるが、実は**20代**でも保有していない方が結構いる。それは、最近は当局が本体価格を補正せず販売するように指導していることもあり、価格が**高い**（本体価格およびランニングコスト）ということ、そして、〝ＰＣ〟の機能で代用できるものが多い、とのことである。逆に言えば、スマホは、スマホはＰＣ並みの機能を持っているということでもある。

基本的には、スマホは、本体に〝アプリ〟（アプリケーション：Application）(25)をダウンロードし「**決済インフラ**」として使用される。業務分野（会社）ごとにアプリがあり、機能が分かれている。たとえば、現在のスマホ決済は各社の「**スマホ・アプリ**」を中心に行われており、銀行などの金融機関の窓口機能のほとんどを行うことができる(26)。

２０２４年12月2日からは、日本では紙の「**健康保険証**」の発行が停止され、マイナンバーカードが健康保険証として使用され始めた。「**マイナ保険証**」とも呼ばれる。その後、「**運転免許証**」においても、同様に「**マイナ免許証**」の導入が２０２５年3月24日に予定されている。課題は先にも記述した、スマホへのアプリのダウンロードにより、〝スマホ〟を健康保険証や運転免許証として使用する場合である。そうすると、〝**機械**〟としてのスマホの課題(27)が見えてくる。

(25) スマホに〝アプリ〟をダウンロードし「決済インフラ」として使用される。アプリとは、アプリケーションソフトウェアの略であり、特定の用途のために設計されたソフトである。

(26) 最近ではその差はほとんどなくなっている。

(27) 詳細後述。

4 〝Ｐａｙ〟シリーズの発展

先にも述べたが、**〝～Ｐａｙ〟**（ペイ）[28]という**新型決済インフラ**が〝多数〟出現した。それは、現在、使用されているＰａｙ系アプリによる決済を指す。一般的にもスマホ決済を「Ｐａｙ」と呼ぶ。**PayPay、LINE Pay**[29]、**楽天ペイ、メルペイ、d払い、au PAY**など〝6大ペイ〟とされていた。基本的には「**資金移動業者**」（Funds Transfer Service：ＦＴＳ）である。近年、高額送金にも新興企業が初参入した。資金移動業者で、１００万円超の手数料が銀行の半分としている。**ウニードスやシースクェア**が参入している。

基本的には先に入金（チャージ）する「**電子マネー**」（プリペイドカード）としての機能[30]であるが、デビットカード（Debit Card）、クレジットカード（Credit Card）、銀行口座（Bank Account）などの機能を持っている場合もある。PayPayなどを中心として「Ｐａｙシリーズ」は、リテール決済の中心的存在になっている。

カードでは、読取および稼働する機能としては、「**磁気**」（テープ）か、「**ＩＣ**」（Integrated Circuit：集積回路）チップを使用する。**〝媒体〟**も、以前は「プラスティックカード」[31]であったが、近年では、「スマホ」にも付いている。

---

(28) 本書では「Ｐａｙシリーズ」と分類、名付けた。

(29) その後、LINE Payは終了。

(30) 詳細後述。

(31) プラスチックとも。

特に、交通分野では、ＪＲ系の**Ｓｕｉｃａ**（スイスイ行けるＩＣカードの略語：Super Urban Intelligent Card の略称）と私鉄系の**ＰＡＳＭＯ**（パスネット：ＰＡＳＳＮＥＴの「ＰＡＳ」（パス）と、もっとの意味を表す英語「ＭＯＲＥ」（モア）の頭文字「ＭＯ」の略称）などがある。これらの決済インフラでは、交通用がメインということもあり、〝本人確認無しで使用できる〟という〝**エクスプレスカード機能**〟が優先的に設定されている。近未来では、スマホを使用した「モバイルＳｕｉｃａ」などで位置が細かく分かり、近い将来、駅の改札口さえも不要になる。

最近、**電子マネー型の決済額**が数か月連続して減少している。これは、電子マネーは、事前のチャージが必要で〝**二度手間**〟となることが原因とも考えられている。

Ｐａｙ関係では、システム以外にもトラブルが発生している。世田谷区商店街振興組合連合会で、30％の補助金を「**せたがやＰＡＹ**」で払っていたところ、連合会の企業と詐欺師が架空の取引を繰り返し、ポイント72万円分を不正に得た。

また、ＰＡＳＭＯなどの FeliCa 技術を使用した交通系カードは、ＩＣカードのための**半導体**が不足しており、最近、1年程度、販売を停止していた。

図表1－3　主要Payシリーズ

QRコード決済系	PayPay	ソフトバンクとLINEヤフー
	d払い	docomo
	au PAY	au
	メルペイ	メルカリ
	楽天ペイ	楽天
非接触型系	Suica／モバイルSuica[32]	JR東日本
	PASMO／モバイルPASMO	関東の私鉄・東京メトロ・都営地下鉄
	Visaタッチ	Visa
	iD	docomo
	楽天Edy	楽天
	QUICPay	JCB
銀行系	J-Coin Pay	みずほ銀行
	COIN+	三菱UFJ銀行・リクルート
	ゆうちょPay	ゆうちょ銀行
	はまPay	横浜銀行
	YOKA!Pay	福岡銀行・熊本銀行・十八親和銀行
	ほくほくPay	北海道銀行・北陸銀行
	こいPay	広島銀行
	OKI Pay	沖縄銀行
	Payどん	鹿児島銀行
地域通貨	さるぼぼコイン	飛騨信用組合
	アクアコイン	君津信用組合
	せたがやPay	世田谷区商店街振興組合連合会
	いたばしPay	板橋区商店街振興組合連合会
独立系	Origami Pay《終了》	メルペイ
	りそなウォレット	りそな銀行・埼玉りそな銀行
前払	ララPay	きらぼし銀行
コンビニ系	ファミペイ	ファミリーマート
	7ペイ《終了》	セブン-イレブン
	AEON Pay／モバイルWAON	イオン
中国系	Alipay	アリババ
	WeChat Pay	テンセント

（出所）筆者作成

[32] 交通系カードは他にも以下のようなものがある。TOICA（JR東海）、Kitaca（JR北海道）、manaca（名古屋交通開発）、SUGOCA（JR九州）、はやかけん（福岡）、nimoca（九州）、PiTaPa（関西）、ICOCA（JR西日本・四国）。それぞれ、洒落たネーミングにしている。

5　デジタル給与の導入

〝**給与**〟（Salary）については、**厚生労働省**（厚労省：Ministry of Health, Labour and Welfare）が所管している。労働者を守る「**労働基準法**」では「**通貨**」（**現金**）で渡すことを〝**原則**〟として定めている。しかし、世の中の社会・経済生活の進歩から、１９７５年から銀行口座、98年から証券総合口座への振込みが認められるようになった。２０２３年4月、政府はPayPay等のスマホ決済アプリや電子マネー口座に給与を支払う仕組みである「**デジタル給与払い**」も解禁した。ただし、上限を〝20万円〟とした。

銀行口座の保有率は、日本ではほぼ１００％行き渡っているが、**アフリカ**では**約9割**、**中東**では**約7割**、**米国**でも**約1割**の人が、銀行口座を保有していない。そのため、米国には「**ペイロールカード**」（Payroll Card）という仕組みがあり、給与受渡し用のプリペイドカードがある。また、この銀行口座を保有していない層にも、世界中でスマホ（携帯電話）が急速に広がった。そのため、〝必然的〟でもあるがスマホ決済が疑似的に銀行（口座）の役割を担ってきている。

更にいうと、実際に日本企業から依頼があり、海外プロジェクトにも参加したが、トルコ等でも銀行口座を持っていない人が多く、スマホは持っている。しかもスマホの申込書の方が個人・信用情報がより多く入っており、銀行口座申込書としても代用できることは可能なのである。日本でも「おサイフケータイ」という制度がある。

6 マイナンバー制度の導入

２０１６年から「**マイナンバー**」（My Number：個人番号）制度が始まった。そのカードを「**マイナンバーカード**」（**個人情報カード：ＭＮＣ**）という。マイナンバーカード（マイナカード）の普及率は足元24年の最新のデータでは**約75％**(33)に上っている。〝**運転免許証**〟（Driver's License）の普及率（16歳以上）の比率**約６割**である。それ以前にも、同様の試みとして２００２年から「**住民基本台帳ネットワークシステム**」（**住基ネット**）があった。ちなみに、住基カードは人口のわずか**５％**しか交付されなかった。マイナカード発行後、住基カードは発行されなくなった。

マイナンバーは、税金や社会保障の徴収や給付、災害対策における個人確認など、「**政府**」（**当局**）サイドのデータベースである。今後は「**健康保険証**」や「**運転免許証**」の機能を付け、預金・証券口座や戸籍、パスポートなどともリンクされる。特に

(33) マイナンバー自体は、個人番号通知書が送付されたことからも分かるように、日本人全員にマイナンバーが割り当てられている。導入時に「人に番号（背番号）を振るのはいかがなものか」といったコメントもあった。

大事なのが「**預金口座**」とのリンクである。

特に2011年の東日本大震災のときに、迅速に被災者に支援金を交付することが出来なかった。そのため、マイナカードでは**預金口座**を登録（リンク）[34]することとなった。これにより迅速に支援金を交付することが出来るようになった。

マイナカードは「**資格確認書**」としてスマホでも全機能可能になる。マイナカードにはICチップが付いている。記憶があやふやな年配者のために「**暗証番号不要型**」も準備されている。

コラム1 ――世界のID[35]（身分証明書）

IDとは「identification」の略で、一般的に「身分証明書」を意味する。毎日の商取引において個人に関する「**本人確認**」の基本となり、金融取引、信用、ひいては〝経済の基本〟となる。

（1）日本

今後、「**マイナカード**」がIDとしての役割を担うことになる。マイナカードが発行されるまでは、主として、**運転免許証**、あるいは**パスポート**で代用された。あるいは写真付きではな

(34) この登録を当局がおこなったが、人手によって入力されたため、ごく一部に入力ミスが見られた。銀行などが、マニュアルで数値やデータを入力する時には、必ず再鑑をしてミスを防止する手続き（ルール）がある。

(35) 一般的に「アイディー」と読む。

い健康保険証などの場合は**2種以上**必要とした。
（2）米国
米国には公的機関が発行するＩＤはなく、一般的な生活では「**運転免許証**(36)」（Driver's License）を使用する。
（3）中国
一人一人に「**身分証明書**」が発行されており、特徴とすると、多民族国家らしく、「**民族名**」まで書いてある。ちなみに、主たる民族である漢民族は「**汉**」（漢の簡体字体）となっている。

7 新・機械決済リスク

現在、「スマホ」は、社会インフラとして、決済にかかわらず、あらゆる用途の使用に足るものである。金融機関や一般企業の「**コンティンジェンシープラン**(37)」（Contingency Plan）にも使用されている。先にも述べたが、「マイナンバーカード」「健康保険証」「運転免許証」といった**資格証明書**のスマホ搭載も始まっている。

逆にいうと、スマホという〝**機械**(38)〟に依存する仕組みである。重要な認識であり、

(36) 筆者も以前米国に駐在したが、米国は合衆国ということで、それぞれの州が法律を持っている。その法律に基づき各州で運転免許証も違う。筆者は最初の赴任地シカゴで、イリノイ州の運転免許証を取得した。日本で発行された「国際免許証」は発行日から1年間は有効で、使用できる。

(37) 最近では「ＢＣＰ／Business Continuity Plan」（事業継続計画）と同一視される。

(38) スマホの機械としての寿命は、約4・4年といわれている。特に電池が劣化する。劣化の主要因は、充電回数によるとされている。あくまでも、個人的な話であるが、筆者は20％程度になるまで充電はしない様にしている。

筆者は「**機械決済リスク**」と名付けた。機械というものは〝壊れる〟ことがある、ということのリスクである。

もっと具体的にいうと、水没したり、落として壊したり、さらには、電池が弱まって使えなくなる可能性があるということである。つまり、「スマホだけ」に頼るのはリスクがある、のである。そのため、**プラスティックカード**なり、**補完**するものが必要不可欠ということができる。

また、スマホに使われている「**リチウムイオン電池**」（バッテリー）は、使用期間が長くなると、電池の持続時間が短くなっていくのが特徴[39]である。充電回数を少なくすることが劣化のスピードを遅くするといわれている。できるだけ充電を使い切るのが肝要となる。内閣府の消費動向調査によれば、スマホの平均使用年数は**約４・４年**となっている。

この**機械決済リスク**は、スマホ業界（企業）および、ルールを作る政府当局も、制度設計をするときにチェックすべき点である。つまり、スマホが重要な決済インフラとなりえる以上、システムも含め、それと同様の「機械決済リスク」という**セキュリティチェック**が必要となるのである。

セキュリティの話でいえば、のちに述べる「**犯罪リスク**」も対応しなければならない。

---

(39) この部分がEV（電気自動車）の課題ともダブってくる。

クレジットカードの主たる決済ネットワークには、**NTTデータ**の**CAFIS**(Credit And Finance Information System)と**JCB**系の日本カードネットワークの**CARDNET**がある。2023年にCARDNETもシステム障害を起こしたのが記憶に新しい。機械やシステムというものはトラブルが発生するものなのである。さらには、キャッシュレスを支える**決済端末**(詳細後述)の発展も著しい。

ネットワークといえば、**中国**の**ECサイト**である**Temu**(テム)と**SHEIN**(シーイン)が拡大しており、利用者合計は、**アマゾン**に迫る勢いである。日本にも進出しており、経済圏に入ってきている。Temuはあらゆる分野の商品を取り扱っているが、SHEINはアパレルが中心となっている。

8　新・犯罪決済リスク

そもそも「**決済リスク**[40]」とは決済に関わるリスクである。一般的に、この場合のリスクとは、決済ができない(**決済不履行**)、すなわち、受け取るべきお金を受け取れないという「**損失可能性**」である。最近では、その決済リスクも、取引相手の破綻(倒産)によるものではなく、〝**犯罪**〟によるものが増えている。これも決済に関わる

(40) 決済リスクについては、詳細後述。

ものであり「決済リスク」といえる。これを「**犯罪決済リスク**」と名付けた。

決済系の「犯罪」で主たるものは、「詐欺」によるものが多い。「**振り込め詐欺**」（以前の「**オレオレ詐欺**」）など、現金などを騙し取るという「**特殊詐欺**」（Special Fraud）とよばれている。特殊詐欺には、その他にも、SNS詐欺、ロマンス詐欺、著名人詐欺、キャッシュカード詐欺、架空料金請求詐欺、還付金詐欺、新紙幣交換詐欺まで、さまざまなものがある。

さらには、最近、特に「**なりすまし**」（Impersonation）が横行し、SNSなどで、有名人になりすまし、投資詐欺などに誘い込む犯罪が多発している(41)。なりすまし防止の観点からも「**本人確認**」は重要になっている。基本的には今までは、「運転免許証」や「パスポート」などが使用されていたが、「**マイナンバーカード**」を主たる本人確認に使用できる。

生体認証では、偽造・改ざんが困難な「**静脈認証**」を**モフィリア**が実用化している。

日本の**振り込め詐欺**では、世界17カ国から逮捕者(42)を出している。結局は振込や現金の受渡しがなされる。このSNSを中心とした「〝新型〟特殊詐欺」は、昨年対比約4倍(43)のスピードで増大している。まさに現金手交や振込等〝決済〟に関わることから「決済リスク」といえる。

特に現在、警察庁が対応を強化しているのが「**ランサム詐欺**」である。これはパソ

---

(41) 基本的には、事業者にチェックしていただく方向になりつつある。

(42) 2024年5月には大阪府警が富山県在住者を逮捕した等、「特殊詐欺」摘発事例は国内でも多数ある。

(43) 「私だけは大丈夫」と考えている人が被害に遭うことが多い。実際に被害に遭っても、自尊心からか、他の人や警察にも言えない人も多く実数はさらに多いことが予想される。

コン等でインターネットを使用していると、警戒音とともに「ウイルス感染した」などと警告画面が表示され、パソコンを今まで通りに、使うためには、**身代金**（ランサム：Ransom）を払えということから、そういったソフトを「**ランサムウェア**」（Ransomware）という。「**マルウェア**」（Malware：悪意のあるソフトウェア）の約9割を占めている。

決済リスク（決済に関わるリスク）も、〝時代〟によって、注目される点が**移行**する。近年の決済リスク管理の重点は「**マネーロンダリング**」（Money Laundering）である。犯罪だけではなくテロに関わった資金の送金を取り締まるもので、法律としては「**犯罪収益移転防止法**」（Act on Prevention of Transfer of Criminal Proceeds）がある。銀行など金融機関は、このような不審な送金、休眠状態からの活性化、業態に合わない送金などをチェックする「**アンチマネーロンダリングシステム**」（Anti-Money Laundering System）を導入している。特に個人取引では「本人確認」を重視している。

特に**警察庁**の「**犯罪収益移転防止対策室**」（ＪＡＦＩＣ：Japan Financial Intelligence Center）は、特定事業者から届け出られた疑わしい取引に関する情報を集約し、整理・分析して捜査機関等に提供する業務などを行い、犯罪収益移転防止法の施行において中心的役割を果たす組織である。当初は金融庁の所管であったが、犯罪捜査の観点から〝**警察庁**〟に移された。

9　新・戦争決済リスク

決済が滞る事由は、**「戦争」（紛争）**もある。戦争状態の地域の銀行が物理的に機能を停止している場合の他、**「経済制裁」**（Economic Sanctions）などもある。その最たるものが、**ロシア**（Russia）による2022年からの**「ウクライナ侵攻」**（Invasion of Ukraine）である。そもそも戦争により、物理的に経済・社会・銀行システムが破壊され〝決済〟ができなくなる。さらに、西側諸国による経済制裁によって、輸出入の他、送金ができなくなった。特定のロシアの大銀行の他、**ユーロクリア**（Euro-clear）等も、ルーブル（Ruble）建ての〝決済〟ができなくなった。まさに決済リスクである。このようなロシアの経済制裁は、世界的な物流を遮断することから、モノ不足を誘発し、世界的な**インフレ**（Inflation：物価上昇）をもたらした一因となっている。実は、ロシアはその主たる決済を欧米の決済システムで行っていたが、2014年の**「クリミア侵攻」**のとき（Invasion of Crimea）の経済制裁を受け、それをきっかけにして、国内の決済システムを整備した(44)。

(44)　詳細後述。

コラム 2 ── 認証と詐欺

公的機関や銀行など、またドアの鍵の代わりに、身体の一部で本人確認をする「**生体認証**」(Biometric Authentication) というものがある。**生体認証**は、指紋、静脈、声紋、虹彩、動作など様々なものがあり、本人確認に使用されている。

日本の公的機関の「**顔認証**」(Face Recognition) では、瞳と瞳の間隔、顎の関節と顎の関節の間隔の2点で確認する。それらも人によって違いがある。空港を始めとした公的機関で使用している。監視カメラは日本のいたるところにあるが、日本でも警官が中国の警官の様に監視カメラを着装することになった。

近年、最も増加しているのが〝**サイバー空間**[45]〟(Cyber Space) の「**なりすまし**」(Impersonation) である。要は「**詐欺**」である。X (旧ツイッター)、フェイスブック (Facebook)、インスタグラム (Instagram)、ティックトック (TikTok)、ユーチューブ (YouTube) などの**SNS**[46] (Social Networking Service) あるいはマッチングアプリ (Dating Application) を始め、いわゆるなりすましによる有名人詐欺やロマンス詐欺など、「**特殊詐欺**」が現在の決済犯罪の主たるものとなっている。

---

(45) リアルではなく、ネット (ワーク) の空間である。

(46) 近年、欧米諸国では若年層のSNSの使用の制限を始めている。

「**有名人詐欺**[47]」の場合は、〝儲かる投資〟があるということで、最終的には架空の投資商品やマイナーな暗号資産（仮想通貨）に出資（振込）させる。そこから先は、いわゆる「**ポンジスキーム**」（Ponzi scheme）で、実際には全く運用しておらず、2、3回利息を払うが、あとは連絡が取れなくなる（飛ぶ）場合が多い。

「**ロマンス詐欺**」の場合は、異性の相手に恋心をいだかせ、おカネに困ったような話をすることによって、その恋心（下心）に付け込むという手口[48]である。いわゆる「**特殊詐欺**」の手口[49]には事欠かない。2024年に複数の男性から被害総額1億5千万円をだまし取ったとされ逮捕された「頂き女子りりちゃん」も、マッチングアプリを通じたロマンス詐欺の一つといえる。

10　新通貨の発行

通貨（紙幣・貨幣）[50]も、もちろん「**決済インフラ**」である。近年、日本では通貨が刷新された。まず**2021年**に**新500円硬貨**が、**2024年**に、**新一万円札**、**新五千円札**、**新千円札**の3種の紙幣が発行された。ちなみに、世界の国の中で紙幣が〝3種類〟しかないのは、世界で**最少**である。

---

(47) 私のレベルですら、SNSでは10人程度の「私のなりすまし」がいた。十分に注意していただきたい。

(48) 被害者は、相手はきれいな女性と思い込んでいることが多いが、犯人が普通のオジサンであったことを知った時のショックはかなり大きい。

(49) 以前『BAD LANDS バッド・ランズ』という映画の監修をした。原作は「オレオレ詐欺」だったが、時代に合わせ「仮想通貨詐欺」に修正した。

(50) 日本銀行内では、「銀行券」・「貨幣」というので注意が必要である。

各紙幣の肖像は、一万円は渋沢栄一、五千円は津田梅子、千円は北里柴三郎となった。特に紙幣で大事なのは、容易に〝**偽札**〟（ニセ札）を作らせないことである。そのため、肖像については、**髭**や**髪**で複雑さを増すことも重要な要素となる。

硬貨は**日本国**と刻印があり、具体的には**政府・財務省**の所管である（独立行政法人）**造幣局**（大阪）で製造し、**日本銀行**を介して発行する。紙幣は「**日本銀行券**」との印字もあり、それは「日本銀行の社債(51)」ともいえる。（独立行政法人）**印刷局**(52)で製造し、**日本銀行**を介して、発行する。新通貨も財務省の方が日本銀行より、先であった。

現在、日本では、紙幣についても、貨幣についても、特に〝**原版**〟作成時に人（技術者）の〝**手**(53)〟によって仕上げられていく。具体的には双眼顕微鏡を使用し、彫刻刀のような、先の尖った特殊な道具を使用して、原寸大の原板を作る。原版（金属）は、使っていくと少しずつすり減ってくるので、すり減り具合にもよるが数年に1回新しい、**まったく同じ原版**を作らなくてはならない。この原版の作成の技術は非常に高度なもので、人的に指導・引継ぎを行うが、**約20年**かかるとのことであった。特に〝同じ原版〟を、再度、〝まったく同じに作る〟ということが印象的であった。個人的な意見であるが、この〝人的引継ぎ〟に必要な20年が、新しいおカネの発行（紙幣の改札・貨幣の改鋳）の周期なのではないかと考える。

---

(51) 金利0％の社債。

(52) 他に印紙や切手なども印刷する。

(53) 筆者は、テレビ局から依頼を受け、新紙幣・新貨幣を紹介する番組で、特別に造幣局と印刷局を訪問し、製造工程の見学および技術者と直接話す機会をいただいた。

公的には、おカネの偽造の防止のため最新の印刷技術を導入し、外国人を含め誰にでも分かりやすいユニバーサル（Universal：普遍的な）デザインにした。

コラム 3 ── 硬貨で、最も高度な部分

造幣局の技術者と話しているときに、最も高度な部分を伺ったところ、**「十円硬貨」（10円玉）**の平等院鳳凰堂の両側に延びた壁の「壁の上の**屋根の影のグラデーション**」である、とのことだった。個人的には、その高度すぎる人的技術のレベルにびっくりした。また、この〝**玉**〟という表現は、〝球〟を意味しているものではない。〝玉〟(54)とは〝大事なもの〟を意味する。

コラム 4 ── 米国の硬貨不足

米国では、**2020年コロナ下、硬貨が不足**する事態になった。実は、米国では、**約1割**の国民が**銀行口座**を持っておらず、もちろん**クレジットカード**なども保有していない。コロナで外出を控え、銀行などが休業する中、おつりが渡せなくなるなどの状況になった。銀行の中に

(54) 他の用語では〝お年玉〟などがある。ちなみに、クスダマは「薬玉」と書く。

は硬貨で**１００ドル分**を持ってくると5ドル払うところもあるほどだった。

日本は、特に〝**現金**〟志向が強いといわれる。特に年配の方ほどその傾向がある。これは、実際に日本では、過去**１９４６年（昭和21年）**に、第二次大戦直後のインフレ進行を阻止するために、政府は金融緊急措置令および日本銀行券預入令を公布し、強制的に金融機関に預入させ、**預金封鎖**[55]を実施した。この経験により、特に記憶がある年配の方に、銀行預金に対する警戒感を持つ方もいたようである。これが家庭内に多額の現金を保有する「**タンス預金**」(Money under Mattress/in Drawers) の背景となったと考える。

また、タンス預金であろうが〝現金〟は、記名式でないため〝足がつかない資産〟として、〝金〟とともに、〝**脱税**〟に使われることもあるという。筆者も銀行勤務のときに実際に見たことがあるが、特に、床下（土の上）に置いてあると、湿気のせいか、札束がぴったりと固まってしまい、剝がせなくなる。その場合、**破損紙幣**として、日本銀行のお世話になることになる。

２０２４年3月の時点では、日本で発行済のおカネ**約１２０兆円**のうち、タンス預金は半分の**約60兆円程度**といわれていた。物価が上がらない、むしろ下がるデフレ経

(55) 一説には、この封鎖した預金で、第2次世界大戦の莫大な債務を解消した、ともいわれている。

済のときは、現金で保有していても、価値は目減りしなかったが、マイナス金利が解除され、インフレ経済になってくると話は別である。金利のある経済では、目減りしていくことになる。

最近の、新札発行の目的の一つに、このタンス預金の削減があったと考えられる。いつまでも、旧札を使うのは〝**ばつの悪い**〟ものである。新紙幣は**52億枚**準備した。20年前の新札発行時には**50億枚**だったので、それを上回る量を当局は準備したのである。

おカネの偽造防止は通貨（紙幣と硬貨）の最も重要な役割である。しかし、最近、印刷技術が発達したせいか、この10年で**毎年約２０００枚**の偽札が摘発されている。

過去の偽札事件で最も有名なのが「**チ-37号事件**」である。「**チ**」[56]とは、紙幣偽造事件において〝千〟円紙幣を意味する警察のコードで、「37」は同様の指定事件の37番目[57]であることを意味する。１９６１年から１９６３年にかけて日本全国で発生した連続偽札使用事件で、のべ件数や捜査員の動員数から、戦後最大の紙幣偽造事件とされている。未解決のまま１９７３年に時効を迎えることとなった。この事件のため、千円札のデザインが変更された。肖像も聖徳太子から伊藤博文に変更された。

特に最近では、油断もあるせいか新札ではなく**旧札**の偽札が目立つ。現在、旧紙幣も含め紙幣では**22種類**が使用可能である。**通貨偽造罪**は、殺人罪の次に重い罪で最高

(56) 偽札事件では符号（コード）を使う。五千円札は「**利**」、一万円札は「**和**」を使う。

(57) 一般市民が知らないだけで、結構、発生しているのである。

刑は**無期懲役**となっている。通貨の信用を損ない、経済を混乱[58]させる犯罪であるからである。

偽札が使われるところは大体決まっている。〝**夜の屋台**〟が多い。薄暗く、混雑しており、紙幣の確認などもできない。そのためか、今回の偽造防止では、「**透かし**」（Watermark）や高精細をいれるなど高度化しているが、特筆すべきは「**３Ｄホログラム**」（3D Hologram）である。３Ｄ立体的に立ち上がるのはもちろん、見る角度で〝肖像〟が変わるという。これで屋台の偽札も減るのではないか。ちなみに、今回の新通貨導入では、発行時に自販機などの対応が遅れ、足元3割程度しか対応[59]できていなかった。

また、世界の紙幣の事情を見てみると、犯罪防止の観点から「**高額紙幣**」の廃止[60]が相次いでいる。２０１６年には欧州の５００ユーロ札（約8万円）、２０２１年には、１０００シンガポールドル札（約12万円）が廃止されている。ちなみに今回の新紙幣発行において、2千円札はその対象とならなかった、２０００年沖縄サミット[61]の**記念紙幣**的な意味合いが強いからと考えられる。もちろん、現在でも通貨として有効であり、主として沖縄県で使用されている。

---

(58) 第2次世界大戦中は、当時の日本軍が中国に大量の偽札をバラまく作戦も展開していた（杉作戦）。

(59) いまだに新札に対応していない機関・企業もある。

(60) １９６９年には５００ドル札、１０００ドル札、５０００ドル札、１００００ドル札の紙幣を廃止した。それ以前に作られた「米国映画」にはそれらの紙幣は登場する。

(61) 世界遺産に登録された沖縄の首里城にある「守礼門」が主模様である。

11 デジタル通貨の発行

発展途上国ではデジタル通貨（Digital Currency）を導入している国もある。カンボジアでは**バコン**（Bakong）[62]といわれる「**デジタル通貨**」を始めとした決済インフラが、約6割の方に使われている。日本の経済産業省も協力し、カンボジアの**通貨リエル**（**Riel**）の他に、**米ドル**でも決済できる。アフリカは、銀行などの金融ネットワークが少ない。そのため、スマホを使った決済を行う「**ブロックチェーン大陸**」ともいわれている。ケニアの「**Mペサ**」（**M-Pesa**）、ナイジェリアの「**eナイラ**」（**e-Naira**）、ガーナの「**eセディ**」（**e-Cedi**）などが導入されているが、その発展は国々によってまだら模様だ。

デジタル通貨は、**中央銀行**に**個人口座**を開設し、その口座を使用することであり、個人情報が当局（政府）に知られてしまう。個人情報の悪用を防ぐために、そもそも先進国では導入しないのである。

CBDC（Central Bank Digital Currency）＝中央銀行デジタル通貨という言い方がある。一般的に「通貨」[63]は中央銀行（当局）が発行するものであり、過剰な表現である。

(62) もともとはカンボジア北部にあるヒンズー教寺院のこと。

(63) 法的通用性がある貨幣。

第2章

Introduction of Settlement Infrastructure

決済の基礎

本章では「**決済インフラ**」やそもそもの「**決済**」を理解するときに必要不可欠な〝基礎知識〟について解説する。決済インフラには、**日本銀行**や銀行間の**決済システム**[1]から、銀行などの**金融機関**、そして新型決済インフラである**スマホ決済インフラ**、さらには**現金**までを広く含み、様々な用語を使う。金融業界の中でも用語が違うことがある。たとえば、銀行と証券でも、使う用語が違うので注意が必要である。

1　決済と為替

現代社会において商取引（Commerce）が行われると、現代は基本的に「**貨幣経済**」（Monetary Economy）であるため、対価として〝**おカネ**〟（通貨）を支払う。それは、紙幣等の「**現金**」（Cash）の受払のときもあるし、銀行等に保有する預金口座を使った電子的な**おカネ**の受払（**振込**：Transfer）のときもある。このような商取引に基づく**おカネ**等の受払のことを「**決済**」（Settlement）という。この決済のときに使用される**おカネ**（現金や預金）のことを「**決済手段**」（Settlement Method）という。カードなどの「**媒体**」（Medium）も重要な要素である。

そもそも「**決済**」という単語は、縦書きで、2つの漢字の間に「**レ点**」があって、

---

(1) 〝銀行（金融機関）〟間の決済インフラ。

「済」みを「決」める、ということで「完了する」という意味である。つまり、「**決済**」とは「**商取引の最終段階**」である。その対価は、物品や金融商品などのモノや、サービスのこともあり、借金の返済のような金銭債権などの契約（約束）のこともある。いずれにしても、決済により関連する**債権・債務**の関係は無くなる。

なお本書で解説しているのは、金融業界の**一般的な**「**決済**」の解説であるが、フィンテック等の業界では用語が違う。「**フィンテック業界**」では「**決済**」とは〝**モノの購入**〟のときの**支払**のことをいう。おカネの〝**送金**〟（振込）は「**支払**」という。

「**為替**」[2]（**カワセ**）とは、これも決済と同様に、図表2－1を参考にしていただき、この単語も縦書きで、2つの漢字の間に「レ点」があって、「替る」を「為す」ということで、「替＝交換をする」という意味である。特に江戸時代[3]には使われていた「**為替手形**[4]」（支払いを依頼した証書）などによる決済の方法であった。受け取った商人などは、〝**両替商**[5]〟に持ち込んで**現金**に交換した。この**為替**（**手形・小切手による決済**）が電子化したものが、現在の「**振込**」である。

このように為替と決済とは厳密には違う。意味合いでいうと、「決済」には、「**現金**」によるものと「**為替**」によるものの二つがあるということである〈図表2－1〉。

銀行における為替業務は、預貸（預金・貸出）業務とともに「**銀行法**」における

---

(2) 当て字であるせいか、なかなか読めない。

(3) 江戸時代には、金属通貨の鋳造技術や、大阪と江戸において変動相場が導入されていたなど、かなり高度な金融制度があった。

(4) 英語だと〝Draft〟である。外国為替で今でも使われている。

(5) 日本でも、イタリアでも、「両替商」（為替業務）が銀行の起源である。預金・貸出の預貸業務ではない。

図表2－1　決済の分類

（出所）筆者作成

図表2－2　銀行法における固有業務

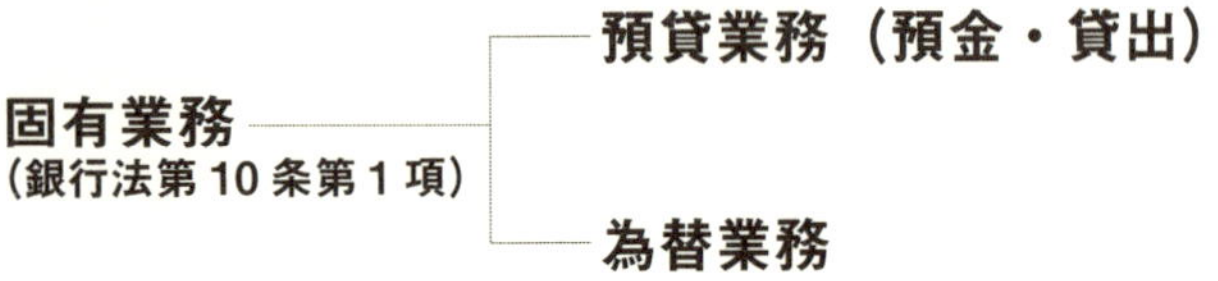

（出所）筆者作成

「**固有業務**」となっている〈図表2－2〉。銀行法改正以前では、日本ではこの為替業務を銀行以外の者が行うと、いわゆる「**地下銀行**」[6]（underground bank）となり犯罪[7]となった。この為替関係の法律や商習慣は各国による差が特に大きい。

銀行[8]を始めとして・信託・貿易などの〝金融制度〟はほとんどが**14世紀ごろのイタリア**（Italy）で発達したといわれているが、この為替の制度も、遠距離決済の代行を行う「**コルレス契約**[9]」も、当時のイタリアの**地中海貿易**や、同時期に行われた**エルサレム**（Jerusalem）まで向かった**十字軍**（Crusade）関連の遠距離の送金によってその基盤ができたともいわれている。

---

(6) 現在では、事前登録が必要な「資金移動業者」がその業務を担う。

(7) 資金決済法が2010年に施行される以前。

(8) Bancoが語源。銀行業務を始めたのが机とも、

(9) Correspondent Arrangement

今まで「**決済業務**」、また「**決済インフラ**」は経済や金融において重要な役割を持ちながらも、銀行でも、金融の中でも〝裏方的〟な業務（事務）とみなされたことは否めない。しかし、最近は「**決済**」（インフラ）に対する注目が格段に上がっている。理由は以下の通りである。

①決済量関係の増加

経済の拡大、国際取引、特に国際投資の増加（投資が国際決済の約97％[10]）、金融市場の発展、特に、新興国の経済発展、そして、先進国の量的金融緩和政策によって、決済の件数と金額が増加していること。さらには、最近のスマホ決済を始めとした**新型決済インフラ**の取引も登場し増えていること。

②IT[11]の発展

IT（**情報技術**）および**ICT**（**情報通信技術**）の発展によって、特に技術の集積である**スマホ**の発展などによって、フィンテックといわれるような電子マネーや仮想通貨など「**新型決済インフラ**」が誕生したこと。フィンテックは基本的にはリテールの分野であるが、特に「スマホ」の登場が意味深い。

③決済リスク[12]への注目

大きな決済改革は、リーマンショック・欧州債務危機等の**金融危機**が発生し、特に決済が実行されず世界の金融システムに与える影響が大きい銀行（**G-SIBs**[13]）や

---

(10) 貿易は外国為替取引における割合は約3％であり、もはや、為替相場に与える影響は極めて小さくなっている。

(11) Information Technology

(12) 金融業全体の所管は金融庁であるが、決済分野の主たる所管は日本銀行である。

(13) Global Systemically Important Banks

銀行制度における決済リスクが注目されたこと等がその原動力となったこと。

さらに最近では、金融機関間の決済を司る**決済システム**が十分に高度化したため、銀行間の決済リスクから、**新型決済インフラ**による**顧客（リテール）の決済リスク**に注目が移行していること。

④規制の緩和

日本では、②のＩＴの発展と相俟って、**資金決済法**の施行や、銀行法を始めとした金融に関する法律の規制緩和などによって、フィンテックなどの金融以外の企業からの参入や新型決済インフラのリリースが可能になってきたこと。

⑤規制の強化

④と表面的には逆行するが、**G20（Group of 20）**や**FATF**(14)（マネーロンダリングに関する金融活動作業部会）などで、**マネーロンダリング**や**反社会勢力**などに対する規制（犯罪対策）が強化されたこと。

⑥政策への織り込み

さらに、政府の「**成長戦略**」の経済強化・生産性向上の政策として「**決済**」が織り込まれ、全国銀行協会などを始めとして金融界も対応していること。特に「**キャッシュレス戦略**」や「**デジタル化**」そのものを日本政府の政策として進めていること。

---

(14) Financial Action Task Force on Money Laundering。詳細後述。

⑦金融機関合併の増加

銀行を始めとした金融機関の合併（統合）が増加し、行内決済関係のシステムの対応が経営上、重要な課題となったこと。しかも、行内システム、外部決済インフラとの接合などで、**システムトラブル**がいくつも発生していること。

2　決済インフラ

「**決済システム**」（Settlement System）とは、「**決済インフラ**」（Settlement Infra-structure）の一種で、基本的には、**銀行**など〝**金融機関**〟間の決済を円滑に行うためのシステム（制度）である。決済システムを所管する**日本銀行**による〝定義〟は「決済を円滑に行うために作られた仕組みを、一般に『決済システム』と呼ぶ。決済システムには、コンピューターやネットワークなどの物理的な仕組みのほか、決済に関する契約・慣行上のルールや、場合によっては関係法令も含まれる。また、一国の決済の仕組み全体を総称して決済システムと呼ぶこともある」としている。

現在、一般的に「決済」というと、現金を始め、銀行を介した手形・小切手や振込等の決済（為替）のほかにも、電子マネー、暗号資産、デビットカード、クレジットカードや電子記録債権などもあるが、最近では、主として個人（リテール）分野で、**ＩＴ企業**なども加わり、スマホ決済を始めとした様々な**新型決済インフラ**が誕生し、発展している。

「**決済インフラ**」（Settlement Infrastructure）の〝**インフラ**〟とは、**公共性の高い社会基盤**のことである。**決済インフラ**も、現代社会や経済において無くてはならないものである。

決済インフラにおける（経営）判断基準は、銀行などの貸出（融資）を始めとした金融業務[15]とは違い、①**堅確性**（確かにやるか：Certainty）、②**効率性**（便利か：Efficiency）、③**経済性**（安いか、いわゆるコスト：Cost）の3点である。

それは、製造業などの〝**装置産業**〟の考え方に近い。さらには、通貨・証券（国債・株式）などの決済の機能は、金融機関のみならず〝日本の金融〟の〝強さ[16]〟の一つにもなっている。日本の決済システムを始めとした決済インフラはその機能からいって、すでに世界最高峰のレベルではある。

拙書『**決済インフラ入門**（初版）』（2015年刊）では一般的に金融機関間の決済を行う「**決済システム**」とリテール分野も含めた「**決済サービス**」（仕組み）や、さらに自身で決済も行う銀行などの〝金融機関〟そのものも含め、広く「**決済インフラ**」と**筆者が定義し名付けた**。[17]「決済インフラ」はその〝インフラ〟の名前の通り、

(15) たとえば、融資業務など。

(16) 一部に、決めつけ的に西洋の先進信仰があるのは残念なことである。

(17) それまでは存在しなかった。

社会的・公共的な経済・金融の基盤であり、その階層的なインフラを包括的に解説した。第2版である『**決済インフラ入門【2020年版】**』では、世界の決済システム改革や、特にフィンテックなどを「新型決済インフラ」と名付け、それを中心に解説・予想した。また第3版の『**決済インフラ入門【2025年版】**』では、「デジタル通貨」や「暗号資産（仮想通貨）」の発達の著しさ、スマホ決済インフラなどの発展を加え解説した。それぞれの改訂では、決済改革など、書籍内部の情報のアップデートも行ってきた。更に、今回、第4版となる、本書『**決済インフラ大全【2030年版】**』では、リテール分野の「新型決済インフラ」を特に重視し大量に書き加えた。「まえがき」でも述べたが、金融当局の方より「内容からいってもはや「入門書」ではない。書名も「**大全**」にすべき」、との強い要望を受け変更させていただいた。

「**決済インフラ**」を理解するときに必要な「基本知識」（切り口）を以下解説する。特に金融機関の決済システムで使われる用語であるが、業界を越えても重要さに変わりはない。最近では、改革が進んでおり、より高度化した決済が行われている。

①**主体**：中央銀行・民間（銀行協会等）・IT企業

②**手法**：グロス（Gross：支払指図1件ごとの決済）・ネット（Net：多数の支払指図の差額決済）

③**時点**：即時（Real Time）・時点（Designated Time：決められた時点[18]）

④**金額**：大口（Large Value）・小口（Small Value）：境目の数値の規定はないが、足元、一般的には100万ドル（1億円[19]）程度といわれている。

⑤**決済日**[20]：当日（T＋0）・翌日以降か（T＋1、T＋2、……）：このTというのはTrade Dayの略で、取引した日を指す。特に、証券決済の場合に決済日が当日ではないことがある。

一般的に、中央銀行決済システムは、**RTGS**（即時グロス決済：Real-Time Gross Settlement）、また民間決済システムは、**DTNS**（時点ネット決済：Designated-Time Net Settlement）となることが多かったが、その仕組みは高度化された。

決済完了性（Finality）（詳細後述）の付与は、**中央銀行の当座預金口座**[21]で決済することがその前提となるが、中央銀行への口座の**開設基準**についても、各国の中央銀行の制度・法律によって様々である。そもそも新型決済インフラへの口座開設（取引開始）と比べて、銀行への口座開設も本人確認など厳しいが、さらに、中央銀行となると、それ以上にかなり厳しい。特に、イギリスが厳しく、基本的に「銀行」以外は中央銀行に口座を保有することができない。決済システムの口座も同様で、欧米では資金決済システムも証券決済システムも**銀行免許**を保有しているのはこのためである。外為決済リスクを削減するための決済システムである「**CLS銀行**」（Continuous

---

(18) 1日1回・決済システム終了時が多い。

(19) 全銀システムでも1億円以上の取引を大口決済として、扱いを分けている（詳細後述）。

(20) 特に証券取引の時の用語である。

(21) 金融の教科書では中央銀行は各国同じように書いてあるが、目的を始め中央銀行はそれぞれ驚くべきほど違う。

図表2－3　決済システムの分類

主　体	中央銀行	民　間
手　法	グロス	ネット
時　点	即　時	時　点

（出所）筆者作成

図表2－4　決済方式による決済リスク消滅策（イメージ）

単純型決済	→	1件1件を即時に
価値交換型決済	→ ←	交換の時間をゼロに

（出所）筆者作成

Linked Settlement Bank：詳細後述）も同様で、各国すべての中央銀行RTGS決済システムで口座を開設するために、銀行免許(22)を取得し「**CLS銀行**」という名称を持っている。

日本の場合、**日本銀行**に当座預金口座を開設しているのは、主として金融機関や決済システム決済口座等で、ほかに、外国の中央銀行や国際機関等が「**預り金口座（勘定**(23)**）**」を開設しているが、個人や一般企業からの預金は受け入れていない。

この中央銀行への口座にフィンテックを始めとした**新型決済インフラ（資金移動業者**(24)**）**などが参加する時代となってきた。

(22) 日本における銀行免許取得の対応は1996年、筆者が行った。日本における銀行は、銀行法の規定により、商号中に「銀行」の文字を入れなければならなかった（例：シティバンク銀行）。

(23) 外国当局などの預金（外貨準備）。勘定科目では「中央銀行預り金」という。

(24) 2024年10月、送金大手の英ワイズ（Wise）が資金移動業で初の全銀システム接続の認可を受けた。実際の接続は、2025年11月になる予定。

図表2－5　二つの決済の仕組み（イメージ）

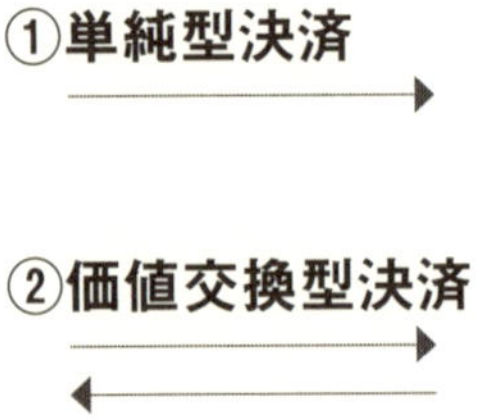

（出所）筆者作成

3　二つの決済の型式

決済には「**単純型決済**」と「**価値交換型決済**」があり、それを分けて考えることが重要になる〈図表2－5〉。

①単純型決済[25]

振込（送金・支払）に代表される〝単線〟の決済のこと。リスクの観点では、一つの決済だけを考えればよい。**現金の（単純な）受渡し**もこちらに入る。

②価値交換[26]型決済

これは、証券決済や外為決済（2通貨の決済）のように、二つの金融商品の1組の決済が発生する**組合せ**の決済のこと。二つの決済の関係を考えなければならない。実はこの交換型決済の方が、決済リスク（いわゆる取りはぐれリスク）の管理が困難であり、より注意しなければならない。たとえば、現金でモノを購入

---

(25) 実は「単純型決済」の場合でも、たとえば振込を行うのは何かの〝理由〟があり、その理由は〝債務〟といえるものである。つまり、実は単純型決済もその本質は「価値交換型」決済なのである。

(26) Value Exchange

するときには、こちらの価値交換型決済になる。

また、貨幣（通貨）の交換などの**「両替」**（Exchange）は価値交換型決済であり、実は歴史的に見てイタリアでも日本（江戸時代）でも、〝銀行〟はこの**「両替商」**（為替）業務が起源となっている。

4 決済ヒエラルキー

そもそも、**決済（為替）**を始めとした**銀行業務**は、顧客の**「代行」**という基本的性質を持っている。そのため決済手段ごとに、顧客（個人・企業）から、新型決済インフラ、銀行（金融機関）、クリアリングバンク、そして銀行間の決済システム[27]（後述）や中央銀行（決済システム）を最終にした**「ヒエラルキー[28]」（階層構造）**を作り上げている〈図表2－6〉。中央銀行の決済は、**最終的・不可逆的**なもので、**完了性（ファイナリティ：Finality）**を持っている、つまりは、倒産など、何があっても〝組戻し〟や〝返金〟などはされないということである。これが金融のみならず経済全体の信用のベースとなっている。
さらに銀行本体の取引にも**「インターバンク（Interbank）決済」**と**「顧客（Cus-**

(27) たとえば全銀システムなど。
(28) Hierarchy、ギリシャ語からきた言葉。もともとは、カトリック教会や正教会の聖職者の支配構造であった。

図表２－６　決済のヒエラルキー（階層構造）

中央銀行（決済システム）
│
民間決済システム
├── **クリアリングバンク（コルレス銀行・カストディアン）**
銀行
├── **決済代行会社（システム）・IT 企業**
企業
├── **様々な決済手段**
顧客（個人・企業）　　**※直接、銀行接続の場合もあり**

（出所）筆者作成

tomer）決済」の分類があり、その分類に近いが「ホールセール（Wholesale）決済」と「リテール（Retail）決済[29]」という分類もある。

決済において「銀行」の役割は非常に重要である。日本では電子マネーやスマホ決済など新型決済インフラの取引が増加しているとはいっても、様々な決済の仕組みは「銀行預金（口座）」がベースとなっているからである。

5　中央銀行の役割

(1)　現金通貨の供給

日本銀行法（中央銀行法[30]）に基づき、日本銀行は、日本で唯一「銀行券[31]」（紙幣）

(29) 大口決済・小口決済に近い。

(30) Central Bank

(31) 正式には、紙幣は日本銀行法上で「日本銀行券」（銀行券）、硬貨は通貨法によって「貨幣」と定義（明記）されている。日本銀行などはこの用語を使用している。

を発行する〝**発券銀行**〟である。実際には日本銀行券は、**(独立行政法人)国立印刷局**[32]によって製造され、日本銀行が費用[33]を支払って引き取る。日本銀行の取引先金融機関が日本銀行の当座預金を対価にして、日本銀行券を受け取るときに〝発行〟されたことになる。

また、**補助通貨「貨幣」(硬貨)**[34]は、表面に「日本国」と刻印されているように日本銀行ではなく、「**政府**」が発行する。**(独立行政法人)造幣局**[35]が製造した後、日本銀行へ交付されるが、この時点で貨幣が〝発行〟されたことになる。

なお、硬貨には〝**年号**〟が入っているが、紙幣には〝**年号**〟が入っていない。これは、硬貨は金属でもあり、何十年も〝半永久的〟に使用可能であるのに対して、紙幣は〝約5年〟で使用に堪えられなくなるからである。

(2) 決済完了性の供給

金融機関における「決済」の重要な定義(概念)に「**決済完了性**」(ファイナリティ:Finality)がある。これは法律的に「決済が〝**完全に**〟終了した」ということである。逆に〝**不完全に**〟とは、たとえば、相手の企業から小切手を受け取って決済したつもりであったが、銀行に持ち込んで現金化する前に相手企業が倒産したケース(**民間の主体**が入っている場合[36])や、発展途上国[37]などで**法律が未整備**であったりする

---

(32) 紙幣・切手・旅券・郵便貯金通帳等の公的な印刷を行う。東京都港区虎ノ門に本局を置き、全国に6つの工場(東京、王子、小田原、静岡、彦根、岡山)を運営している。

(33) 新一万円札の発行費用は約20円である。

(34) 「〜円玉」ともいう。

(35) 本局は大阪市北区天満で、支局はさいたま市大宮区と広島市佐伯区の2カ所に位置する。

(36) 中継銀行で倒産やトラブルが発生したケースもある。

(37) 特に新興国の場合、確認が必要である。

図表2－7　決済完了性（ファイナリティ）を持つ決済

①現金（紙幣・硬貨）

②中央銀行 当座預金

（出所）筆者作成

と、一度受け取ったおカネを返還しなければならなくなるケース等がある。これらのリスクを完全に回避するためには以下の二つの方法がある〈図表2－7〉。

①**現金（紙幣・硬貨）**の受領

②**中央銀行（日本銀行）の当座預金**の受領

中央銀行の当座預金の受領とは、実質的には「**決済システム**」の〝最終決済〟が**日本銀行の当座預金**経由で行われることにより実現できる。日本銀行の当座預金は、現金として引き出すことが可能であり、**現金**と**同等**と考えて構わない。

つまり、**中央銀行**に開設された銀行（金融機関）の**当座預金口座**でおカネを受け取るということが、〝決済完了性〟を持つことである。これはほとんどの国においてその決済完了性が法律で規定されている。ここが経済・社会の〝**信用**〟の**最後の拠り所**となっている。

(3)　流動性の供給

金融・決済の分野における「**流動性**」（Liquidity）とは（銀

行口座における）〝**資金**〟（Funds）を指す。中央銀行は現金の発券銀行であると同時に、金融機関に対し**資金（流動性）供給**も行うという役割を持っている。

金融政策としての資金供給（金融緩和など）も行うが、決済分野においては〝**日中**〟に口座への**流動性供給**も行う。すなわち資金不足（残不足[38]）になって決済が止まったとき、その金融機関の口座に日中（その日のうちに回収）一時的に貸出（流動性供給）を行って（決済システムにおける）決済を〝**円滑に**〟回すことも行っている。

(4) 民間決済システムの決済

民間（Private）の決済システムの〝**最終決済**〟（〝**決済尻**〟**の振替**）は、中央銀行に開設した民間金融機関の当座預金口座を使って行う。中央銀行の口座において最終決済が行われたときに、民間の決済システムが取り扱った全取引が決済完了性を持つ、というのが基本的な考え方である。最近では改革が進み、その民間の決済システムの〝仕組み〟によって、一本一本の支払に**即時に**決済完了性を持たせるものも多い（詳細後述）。

---

(38) 日中赤残：日中Ｏ／Ｄ（Over Draft）ともいう。

6 決済関連の関係官庁

フィンテックや企業ポイントなど新型決済インフラを始めとして、〝**金融**〟の範囲が広がりつつあり〝**横断的**〟な**法律**や**行政**の見直しが図られている。それと同時に**省庁の「所管」**（担当）の問題も発生し、今までの省庁の枠を超えて来る課題も発生してきている。そのため、省庁、そして法律も、**銀行（預金取扱機関）**だから、**証券会社**だからという枠組みではなく、商品や分野によって〝横断的〟に対応する方向である。ちなみに、政策を**企画・立案**する役所を「**省**」、政策を実行する役所を「**庁**」と分けている。

(1) 金融庁[39]

日本においては「**金融庁**」（FSA：Financial Services Agency）が**金融業の**監督官庁である。「銀行法」に基づき銀行免許を始めとした、金融機関の免許・認可・届出の権限[40]を持っているほか、特に金融機関に対する「**検査**」や**監督**の権限もある。また、「**資金決済法**」など決済関係の法律も所管・執行している。[41] 金融機関とされる**証券会社（金融商品取引業者）**の所管も**金融庁（財務局）**である。

---

(39) 金融庁と財務省の業務は、以前は大蔵省で行っていた。大蔵省は2001年まで存在した。

(40) 免許を始めとした許認可や指導など。

(41) 貸金業は金融庁の所管である。

⑵ 財務省

決済を始めとした金融で、国際的な金融取引（**国際金融**）の分野は、「**財務省**」（MOF：Ministry of Finance）の所管になる。また、**通貨当局**（Currency Authority）というと、日本では**財務省**と**日本銀行**を指す。為替介入の権限は財務省（財務官）にあり、日本銀行に介入事務を委託している関係である。日本銀行は介入実施の判断には殆どかかわっていない。(42)

⑶ 日本銀行

「**日本銀行**」（BOJ：Bank of Japan）は日本の〝**中央銀行**〟である。日本銀行には、銀行を始めとした金融機関の**当座預金**（**日銀当預**）がある。金融機関間の決済の根幹となる決済システム：**日銀ネット**を運営していることもあり、特に決済業務については、主として日本銀行の担当となっている。

日本銀行も、金融機関に対する「**考査**」を行うが、日本銀行に当座預金を保有する場合に結ぶ「**考査契約**」に基づくものであり、**免許**に基づき行政権限の行使として金融庁が実施する「**検査**」(43)とは異なるので、注意が必要である。

日本銀行は、日本銀行法（第１条）にあるが、円滑な**資金決済の確保**を図ることを

---

(42) 日銀介入と呼ばれているせいか、プロを自認する方でも、誤解している方も多い。

(43) 金融機関の負担軽減のために「検査」と「考査」の一体運営が検討されている。

通じて**金融システム**の安定に貢献することを、**物価の安定**[44]と並ぶ目的としている。**金融システム**は金融機関や金融市場、決済システムなどから構成されている。

(4) BIS（国際決済銀行）

「**BIS**」（Bank for International Settlements：国際決済銀行）は、**スイス**の**バーゼル**[45]（Basel）にあり、〝**中央銀行間**〟の協力促進のための場を提供し、各国中央銀行からの預金の受入れ（中央銀行間の決済）等の、中央銀行を顧客とした銀行業務にも対応する国際機関である。BISは決済の安定や市場の整備のために、**決済・市場インフラ委員会**（CPMI）[46]、**グローバル金融システム委員会**（CGFS）[47]、**市場委員会**（MC）[48]、および**バーゼル銀行監督委員会**（BCBS）[49]等の各委員会を運営している。特に決済・市場インフラ委員会は、その名の通りで、決済を管轄しており、特に「**決済システム**」の改革を推進している。

(5) 経済産業省

「**経済産業省**」（METI）[50]は、**企業・産業**を所管するため、クレジットカード（割賦販売法）や、企業通貨（企業ポイント）やプレミアム商品券など、「企業」が関係する決済を所管している。また、**商工中金（商工組合中央金庫）**は経済産業省が所管

---

(44) 物価の安定の目標はどの先進国でも「2%」と〝決まって〟いる。

(45) スイス北西端のライン河上流。中立国であったスイスで、フランスとドイツに隣接する三国国境にある場所を生かして、フランス・ドイツを始めとして、各国は現物の金を馬車で運び、決済を行っていたといわれている。これは、中世では国を越えた決済は馬車で「金」(Gold) を運んで行われていたという物理的な条件から好都合だったことによる。

(46) Committee on Payments and Market Infrastructures

(47) Committee on the Global Financial System

する**特殊法人**（銀行）である。最近では「フィンテック」もそうであるが、特に「キャッシュレス化」・「デジタル化」も推進している。

(6) デジタル庁

「**デジタル庁**」（Digital Agency）は、２０２１年菅政権のときに、ＤＸを始めとした〝**行政デジタル改革**〟の司令塔となるべく、経済産業省から分離、発足した。

(7) 国土交通省

「**国土交通省**」（ＭＬＩＴ[51]）は〝**航空会社**〟を所管するということで、航空会社が取り扱う「**マイレージ・サービス**」（**ＦＦＰ**[52]）などの「**企業通貨**」等も所管する。

(8) 警察庁

「**警察庁**」（ＮＰＡ[53]）は、最近、決済分野で社会問題となっている「**特殊詐欺**」などの犯罪の取締りを行う。さらに、「**マネーロンダリング**」（Money Laundering）の防止を目的とし、**犯罪収益移転防止法**（**マネロン法**）の施行の中心的役割を果たす組織「**犯罪収益移転防止対策室**」（ＪＡＦＩＣ[54]）がある。さらに「**質屋**」や「**古物商**」（美術商）の所管官庁である。これらの業界もマネーロンダリング取締りの対象となって

---

(48) Markets Committee

(49) Basel Committee on Banking Supervision。「ＢＩＳ規制」とは１９８８年バーゼル銀行監督委員会で合意された、銀行の自己資本比率規制のこと。

(50) Ministry of Economy, Trade and Industry

(51) Ministry of Land, Infrastructure, Transport and Tourism

(52) Frequent Flier Program

(53) National Police Agency

(54) Japan Financial Intelligence Center

いる。

コラム５――国際通貨だった円

円の旧字体が「**圓**」ということは、ご存知の方が多いのではないか。円の前の通貨は「両」であった。

この「圓」という漢字をよく見てみると、「口」（国構え）に「員」（人）ということが分かる。この口は「紙」を表し、紙の中に人がいる、つまり信用に基づく紙＝「**紙幣**」ということが分かる。

実は、東洋の通貨史を考えるときに、非常に重要なのが「両」から「圓」への変更である。両は重さの単位で、金属通貨、つまり「**硬貨**」ということが分かる。要は、金属硬貨から紙幣への転換が「両」から「圓」の変更なのである。

これは日本だけの話ではなく、中国・韓国もそうである。この3カ国は「両」から「圓」になった。すでに「圓」の国際化は終わっていたのであった。

その後、中国は「圓」の中の「**員**」を出し、それを簡易化し「**元**」とした。「**通貨記号**」も、なんと、日本円と全く同じ「¥」である。発音もＹｕａｎで円に近い。

韓国は、現在も漢字では同じ「圓」を使っている。通貨記号は「₩」で発音もＷｏｎと少し違う。

補助通貨はもともと江戸時代から「**銭**」が使われた。これはドルの補助通貨である**セント（Cent）**の発音を取ったものといわれている。現在では、銭の硬貨はないが、外国為替の為替レート等（～円～銭）ではまだ使われている。法律上の問題はあるものの、電子マネーなどの新型決済インフラでは、技術的に「銭」の復活は可能である。

コラム6――96文

江戸時代によく使用された「**文**」（もん）であるが、銅貨で「寛永通宝」が多かった。銭は「１００文」をまとめて紐に通し〝銭緡〟（ぜにさし）として一塊で用いられた。しかし、実際には「96文」しかなかった。これは、銅銭を鋳造するコストであるとか、１００文を集めて紐でまとめる手数料であるなど、諸説ある。いずれにせよ、両替や取扱の手数料と考えられる。

第3章

Introduction of
Settlement Infrastructure

決済リスク

決済にかかわるリスク、すなわち「**決済リスク**」（Settlement Risk）は時代とともに、注目点（重点）が変わっている。

１９７０年代から金融機関（倒産）対策、１９９０年代からマネーロンダリング（Money Laundering：マネロン）対応、２０００年代から**特殊詐欺**や**不正アクセス**の対応が重点となっている。

より具体的には、**１９７４年のヘルシュタット銀行**（Bankhaus Herstatt）の倒産から、金融機関（倒産）の**決済リスク対応**が始まり、決済システムの改革が進んだ。現在では、人的な「特殊詐欺」、そして、システムに対する「**不正アクセス**」など〝**犯罪**〟**行為**への対応が中心である。スマホなどの**新型決済インフラ**を経由した〝リテール〟（個人顧客）に対する犯罪が多数発生している。ＩＴの進歩・普及によって、新しいパターンのリスクも広がりを見せているということである。

すでに、第1章で、最近、社会問題となりつつある「**機械決済リスク**」、「**犯罪決済リスク**」、「**戦争決済リスク**」など、３つの新しい決済リスクを先に解説した。

1　金融機関間の決済リスク

(1)　決済リスク

「**決済リスク**」とは〝**決済**〟にかかわるリスクである。基本的には、決済リスクとは、いうなれば「**取りっぱぐれ**」＝「**受け取るはずのもの**（資金など）**が受け取れない**」リスクである。足元、何らかの形で〝決済〟に関係するリスクは、「広義の決済リスク」とされている。

リスクには〝**期間**〟がある。厳密に決済リスクの期間を見ると、**開始**されるのは、当該決済が〝予定〟され、**（取消し不能な）決済（支払）プロセス**に入ってからである。たとえば相手が決済プロセスの前に破綻するなどで、予定した資金が受け取れない場合は、厳密には、それは決済リスクではなく〝**信用リスク**〟か〝**オペレーショナルリスク**〟であり、強いていえば「**決済前リスク**」（Pre-Settlement Risk）という。

決済リスクの期間が**終了**するのは、当該決済（支払）の入金が**確認**（Reconfirm）できたときである。

前述したが、**決済（インフラ）**には**ヒエラルキー**があり、日本銀行、決済システム、銀行（金融機関）、新型決済インフラ、そして顧客があり、それぞれが決済リスクを被る〝主体〟となっている。金融機関の所管は**金融庁**であるものの、金融機関における「**決済リスク**」に関する検査・指導は、**日本銀行**となっている。日本銀行は、中央銀行決済システムである日銀ネット（日銀当座預金）を運営し、金融システムの安定もその目的としている。

当初は、一般的に決済リスクの対象は「**金融機関**」とされていた。以前、「金融機関」の決済トラブル（決済リスクの具現化：詳細後述）が相次ぎ、金額も大きく、社会的な注目を集めたからである。その後、日本では資金決済法の対象として**決済システム（清算機関）**の管理も強化し、いわゆる「**決済システム**[1]」のリスク管理の強化は、日本を始めとした先進国ではほぼ終了した。

(2) 2種類の決済リスク

前述したが、金融機関間の決済には、振込（送金）のような「**単純型決済**」と、外為（外国為替）や証券のような二つの金融商品による「**価値交換型決済**」があるが、それぞれ決済リスクの性質が違う。

①**単純型決済**[2]

これは〝**振込**〟**（送金）**のような資金の決済の形であり、一般的に資金決済システムではこのような決済が行われている。この場合の決済リスクの削減は、**入金（決**

(1) 銀行間の決済インフラ。

(2) Simple Settlement。これも筆者が定義し名付けた。

済）の**確認**を早くし期間を短縮させること、またそのものの**決済金額**（**未決済残高**）を削減することである。

②価値交換型決済(3)

価値交換型決済とは、**資金**（**おカネ**）と**他の金融資産**（**外国通貨や証券等**）との〝**交換**〟（対になった取引）が行われるときの決済である。以前は、価値交換型の決済では、〝**価値交換**〟であり、決済リスクは存在しないと誤解されていた。しかし、実際には**支払**と**受取**に〝**時間差**〟があり、その期間には決済リスクは存在する。たとえば資金と外国通貨の受渡に時間差があり、片方を引き渡したが、対価が受け取れない（確認ができない）という**リスク**が発生していた。つまりそれぞれの決済の時間差が**リスク期間**となる。

その対策として、その時間差をなくし〝**ゼロ**〟（**同時決済**）とすることが、金融機関間の〝**決済システム**〟での解決策となった。証券決済においては資金と証券を〝同時〟に決済する〝**DVP**〟(Delivery Versus Payment)、また、外為決済においては二つの通貨を〝同時〟に決済する〝**PVP**〟(Payment vs. Payment）が導入された（詳細後述）。

(3) Exchange-for-Value Settlement

(3) 決済を構成するリスク

①信用リスク

信用リスク(Credit Risk)とは、相手先の**経営悪化(破綻)**などによって、支払が〝**現在**〟および〝**将来のいかなる時点**〟においても履行されない(支払われない)リスクである。

この信用リスクが、外為取引(2通貨間)の決済において、地球の**時差**によって増幅されたのが、「**ヘルシュタット・リスク**」(Herstatt Risk)である。**1974年**にヘルシュタット銀行の破産で、決済リスクが**具現化**し、注目を集めた。

また、新興国の決済インフラや、新型決済インフラなど「**決済インフラ自体**」の信**用問題(経営悪化)**の可能性もあり、その場合、決済ヒエラルキー全体でのリスクとなり、注意が必要である。

②流動性リスク

流動性リスク(Liquidity Risk)とは、決済システムの参加者が、支払を実行すべき時点で、何らかの理由により、十分な**資金(流動性)**を保有しておらず(調達できなくて)、支払を予定通りに履行できないリスクである。

銀行や企業の口座管理、いわゆる**資金繰り**では、なるべく無駄な資金を口座に残さないように、いわゆる〝自転車操業〟の状態に近い形で行っている。そのため、細かいミスやトラブルで流動性が不足してしまう事態にもなりえる。

このリスクは、銀行の経営自体は健全であったとしても、相手からの**未決済（未入金）**、**資金繰り自体のミス**、**その他の事務ミス**などから、一時的に手元〝資金〟が不足したときに発生するリスクである。現在、特にこの**流動性リスク**の削減について、米国の中央銀行**FRB**（Federal Reserve Bank）の**PRC**（Payments Risk Committee）を始め決済リスクの重要課題として、検討を進めている。

③システミック・リスク

システミック・リスク（Systemic Risk）[4]とは、一つの銀行が支払不能になることによって、他の銀行の支払が〝**連鎖的**〟に不能になり、これが**決済インフラ（決済システム）**全体の混乱に波及するリスクである。こうした決済不履行は、参加金融機関の広範な流動性・信用上の問題を引き起こし、結果として、当該決済インフラ（決済システム）や金融システム〝全体〟の安定性を脅かす可能性がある。各国の中央銀行が最も注意している案件である。

決済インフラ（決済システム）は多くの参加者をつなぐ**ネットワーク**や**共同体**としての性格を持っているため、こうしたシステミックな混乱が**伝播**し、**連鎖**反応を引き起こすことも起こりうる。言い換えれば、システミック・リスクは決済インフラ[5]（決

(4) そもそも、突き詰めていえば、その決済〝システム（System）〟に参加していることで、リスクを被ること。「System」→「Systemic」という訳である。

(5) 当時は、決済インフラという言葉もなく、決済システムという用語を一般的に使用した。

済システム）の内部で伝播するリスクでもあり、決済インフラ（決済システム）に参加していることによって被るリスクである。

日本銀行に「**準備預金制度**(6)」というものがある。現在の利率は2024年10月では、0・8％である。この準備預金は、日銀の口座を保有している銀行に課せられている。それは参加行が破綻したときに、その資金を使って当該銀行の不足分（穴）を埋めるからである。

④オペレーショナルリスク

オペレーショナルリスク（Operational Risk）とは、「**狭義**」には、事務ミスやシステムの障害（トラブル）などによって、〝**自身**〟の決済ができなくなるリスク（**事務リスク・システムリスク**）を指す。

また、より「**広義**」には、**犯罪**（**不正事件**）の発生や**評判**の低下、**災害・テロ**などによって**決済不能**が生じるリスクも含まれる。近年では、決済が**システム**や**ネットワーク**などの**ＩＣＴ**（Information and Communication Technology）に依存して行われるようになっているため、このリスクへの対応が不可欠となっている。2021年に**みずほ銀行**で何回も起こったシステムトラブルも、このリスクに分類される。

このオペレーショナルリスクのうちには「**事故**」などによるものもある。悪意のある犯罪は除くが、事故にも「**ヒヤリハット**」、「**インシデント**」、「**アクシデント**」（事

(6) Reserve Deposit Requirement System。通称、リザーブ。

図表3－1　ヒヤリハット・アクシデント・インシデント

	日本語	英語	意味	実損（害）
ヒヤリハット		Close Call	危険性に気付くこと	無
インシデント	事件	Incident	あと一歩で事故 軽微な事故 危険性に気付いていないことも	無
アクシデント	事故	Accident	事故	有

（出所）筆者作成

故）の3つの段階がある。航空会社などではすでに行っているが、**ヒヤリハット**の段階から管理・検討することが「**アクシデント**」（**事故**）を防止することになる。

アクシデントとインシデントとの違いは、アクシデントはすでに事が発生しているが、インシデントは事件や事故が起こる一歩手前、あるいは軽微な事故である。**インシデント**の具体例は**不正アクセス、フィッシング**（Phishing）[7] などがある。**実害**が出た時に、それは**アクシデント**になる。

実はヒヤリハット・インシデント・アクシデントの比率はある程度分析が進んでいる。それは、**ざっくりと1：30：300**の法則[8]ともいわれている。

決済業務・金融業務に限らず、結局はどの業界でも、ヒヤリハット、インシデント、アクシデント、それぞれ、**共有・対策**はもちろんだが、**予防策**を考えることが大事となる。詐欺を始めとした犯罪決済リスクも、予防で抑えるのが望ましい。

(7) Fishing からの造語。

(8) 米国の安全技師であったハインリッヒが1929年に発表した法則である。筆者も肌感覚として、そのぐらいの比率であるのに同意する。

図表3－2 一般的な決済リスク

1	信用リスク
2	流動性リスク
3	システミック・リスク
4	法的リスク
5	オペレーショナルリスク

（出所）筆者作成

また、２００１年９月11日に「**米国同時多発テロ**」（"September 11 Attacks"）や２０１１年３月11日に「**東日本大震災**」（Great East Japan Earthquake：ＧＥＪＥ）が発生した。このようなより**大災害**（Disaster）を経験したことを契機に、危機が発生した場合の「**危機管理計画**」（Contingency Plan：コンティンジェンシープラン）の重要性が再認識されており、企業を始めとして、各金融機関・決済システム・決済インフラでは、危機対応についてのシナリオ、優先順位の見直し、指揮命令系統の明確化、バックアップ体制の強化などの対策を進めている。最近では、企業などは、決済を含め「**業務継続計画**」（Business Continuity Plan：ＢＣＰ）の策定、定期的改善も行われている。

2 犯罪とコンプライアンス

先に「**犯罪決済リスク**」として要点を解説したが、最近、**オペレーショナルリスク**のうち、特に「犯罪」関係の決済リスクが数多く発生している。また、**金融危機**の場合も、最初に「決済」から問題が具現化する。

新商品・新業務が世に出てくるとき、その犯罪やトラブル防止のため**自主規制団体**ができることが必要条件となっている。仮想通貨も自主規制団体として「**日本暗号資産取引業協会**」（JVCEA）(9)が設立された。

①マネーロンダリング(10)**（マネロン：資金洗浄）**

犯罪で入手したおカネを、口座を転々とさせることによって、出所を分からなくさせることである。おカネ（Money）を洗濯（Laundry）(11)する、という意味で「**資金洗浄**」ともいわれている。麻薬取引、脱税、粉飾決算を始めとした〝犯罪〟によって得られた資金（汚れたお金）の〝資金の出所〟を分からなくするために、架空または他人名義の金融機関口座などを利用して、転々と送金を繰り返したり、株や債券の購入や大口寄付などを行ったりする。最近ではカジノも使われる。これは、捜査機関による差し押さえや摘発を逃れるための犯罪行為で、世界中で巨大な闇の資金として悪用

(9) Japan Virtual and Crypto assets Exchange Association

(10) マネー・ローンダリングとも。

(11) Money Laundering：Launder（洗う）の名詞がLaundry。

されることもある。

警察庁・金融庁では**マネーロンダリング対策**（**ＡＭＬ**）[12]として対応している。２００１年アメリカ同時多発テロ事件が強化の契機で、「**テロ資金供与防止策**」（ＣＦＴ）[13]とセットにされる。金融庁は「**マネー・ローンダリング及びテロ資金供与対策に関するガイドライン**」を作成し、銀行を始めとした金融機関に指導・徹底している。

マネロンに対応する世界的な政府間の組織として「**ＦＡＴＦ**」[14]（**マネーロンダリングに関する金融活動作業部会**）があり、日本の法律としては「**犯罪収益移転防止法**」（犯罪による収益の移転防止に関する法律：**犯収法**）がある。２００８年に施行され、改正を重ねている。対象には警察庁所管の**古物商・質屋**を始めとした**特定取引業者**等も含まれる。

日本では２００７年から「**本人確認法**」が一部改正され、10万円を超える現金での振込を行う際には、窓口にて本人確認が義務付けられた。「**本人確認書類**」[15]で確認する。他の項目も追加され、２００８年に「**犯罪収益移転防止法**」に集約された。

警察庁から資産凍結等の措置の対象となる「**タリバーン**[16]**関係者等リスト**[17]」も発表されて、最近マネロン対策へのコストが膨らんだこともあって、外国為替業務から撤退・縮小する銀行等が相次いでいる。

２０２１年2月にマネロン法が強化され、既存の銀行口座で「**疑わしい取引**」を

---

(12) Anti-Money Laundering

(13) Countering the Financing of Terrorism

(14) Financial Action Task Force (on Money Laundering)。通称「ファトフ」。

(15) 個人番号カード（マイナンバーカード）、運転免許証、運転経歴証明書、旅券（パスポート）など。

(16) Taliban、タリバン。

(17) 実際に、対応してみると、中東の人々は、アリ、モハメッド、ムバラクなど名前に使われる単語の種類が少なく、同姓同名が多数いて、困難であった。

〝常に〟チェックしなければならなくなった。**みずほ銀行**はいわゆる「e-口座」に移行させて、対応することとした。みずほ銀行のシステムトラブルの背景の一つに本件がある。

②特殊詐欺

先にも**犯罪決済リスク**として重要点を解説したが、警察庁は、**特殊詐欺**を以下の様に12に分類した。**オレオレ詐欺**、**預貯金詐欺**、**キャッシュカード詐欺**、**架空料金請求詐欺**、**還付金詐欺**、**融資保証金詐欺**、**金融商品詐欺**、**ギャンブル詐欺**、**交際あっせん詐欺**、**ビジネスメール詐欺**、**有名人なりすまし詐欺**、**ロマンス詐欺**など、手口が多数存在する。異常な取引を感知することが金融機関に求められている。筆者にも来るが、最近の「詐欺メール」は特に〝**巧妙**〟で注意が必要である。カードの番号や暗証番号が盗み取られてしまう。詐欺の手口の方が高度化のスピードが速いという認識を持つことが大事である。

警察庁では「**ストップ・オレオレ詐欺（SOS）47**[18]**～家族の絆作戦～プロジェクト**」を推進している。また、個人より、企業の方が、被害金額が大きくなる傾向がある。

③不正アクセス

不正アクセスによって、パソコンやサーバーなどシステム（ネットワーク）に侵入

---

(18) 都道府県の数。

し、特に預金や情報を盗んだり、業務を妨げたりすることである。「なりすまし」等による「**不正ログイン**」、システムの「**脆弱性**」を狙った攻撃、添付ファイル経由で感染する「**マルウェア**」[19]（Malware）の伝染など様々ある。預金や個人情報の引出し等が発生する。厳密にいうと「**ウイルス**」（Virus）はマルウェアの一つである。狙われるのは「**おカネ**」だけではなくて、「**個人情報**」も対象となってきている。

２０１９～20年にかけて、新型決済インフラの不正アクセスが相次いで表面化した。「**ドコモ口座**」では他人名義の銀行口座を登録し、メールアドレスを使って他人名義の口座を開設し、不正に引き出す手口があった。銀行口座情報の入手も別途行われていた。「**楽天**」の個人情報も流出した。

ＳＮＳ[20]（無料通信アプリ）の「**ＬＩＮＥ**」は中国の委託先における個人情報保護に問題があるとされ、**情報安全保障上**の観点から世界的に重要な問題になっていた。総務省を始めとして、公共サービスでの利用を制限した。ＬＩＮＥはデジタル決済サービスの「**LINE Pay**」も運営している。不正アクセスによる個人情報の流出は、航空会社の**マイレージ会員**などでも発生している。

「**生体認証**[21]」は、顔、指静脈、指紋、虹彩、声紋、脳波、歩く姿など様々ある。逆に、一度盗まれると自分自身を変えられないのが〝**課題**〟である。中国ではデジタル化とともに生体認証も進んでいる。

---

(19) 悪意のあるソフトウェア。

(20) Social Networking Service

(21) ＡＴＭなどでは、みずほ銀行・三井住友銀行は静脈認証を使っているが、三菱ＵＦＪ銀行は静脈認証をやめた。

それらの犯罪行為を予防しようという目的を持つのが「コンプライアンス」（Compliance）である。コンプライアンスとは「**法令順守**」と訳されるが、単純に法令のみを守っていけばよいのではない。**社会通念**までも配慮される。組織内で行動基準や基本方針をまとめた「**コンプライアンス・マニュアル**」等を設けて対応する。その項目ごとに各業務書面にしても、商品にしてもチェックしていくことになる。

大事なのは、組織として、コンプライアンスの責任を持つ「**コンプライアンス部（統括部）**」を設置すること、そして、営業系を始めとした部署から独立させ、経営陣に直結させることが不可欠となる。

3　決済リスク具現化事件

特に銀行間では、決済リスク関係の事件は、**発生する比率は低い**が、**発生すると被害が大きい**という性質を持つ。歴史的には、それぞれの事件が発生した後に、当局を始め関係者の尽力によってリスク管理が強化されてきた。転機となった事件を具体的に解説する。「**決済リスク**」が時代とともに変化しているのが分かる。

(1) ヘルシュタット銀行事件[22]（1974年6月）〈倒産〉

ドイツ（当時：西ドイツ）のケルン（Köln）に本店があった中堅銀行**ヘルシュタット銀行**（Bankhaus Herstatt）は、インターバンク（銀行間）の外為ディーリングの失敗で多大な損失を被った。このため西ドイツ（当時）の中央銀行・**ドイツ連邦銀行**（Deutsche Bundesbank：ブンデスバンク）は、同年6月26日の15時30分（現地時間）に同行の**銀行免許**を取消し、清算（破産）を命じた。

当時、同行は外為ディーリングを活発に行っていた。同行に対して**独マルク**を売り、**米ドル**を受け取る外為取引を行っていた取引相手の銀行は、**ドイツ**の決済システムで**独マルク**を支払った後に同行が閉鎖されたため、ニューヨークの決済システムで**米ドル**を受け取ることができなかった。こうした決済不履行は総額2億ドルにも上ったと見られ、多数の銀行[23]が損失を被り、国際金融市場に大きな混乱が生じた。これは、まさに決済リスクの中でも**信用リスク**が具現化した事例である。さらに、本件を契機に、外為取引における〝**時差によって増幅される決済リスク**[24]〟が「**ヘルシュタット・リスク**」（Herstatt Risk）と呼ばれるようになった。

実はこの前月（**1974年5月**）にも、当時米国20位でニューヨークに本店があった「**フランクリン・ナショナル銀行**」（Franklin National Bank）が、同じく外為

---

22 元連銀総裁のヘルムート・シュレジンガーから直々に話を聞いた。ヘルシュタット銀行は約120位の銀行であったが、被害の伝播は予想以上に甚大であったとのことであった。

23 バンク・オブ・ニューヨーク（BONY：Bank of New York）等である。

24 価値交換型の決済リスクである。

ディーリングの失敗を契機にして破綻している。

このようなことが続けて発生した背景には、固定相場別のブレトンウッズ体制に続き、スミソニアン体制に移行し、その後、**変動相場制**になったからである。国際通貨制度では固定相場制を保ってきたが、**1973年2月**に米ドルが大幅に切り下がり、先進国はなし崩し的に変動相場制へと移行した。そのため、大きな**為替変動リスク**を被ることになり、銀行の倒産にも至ったのである。

(2) BONY事件（1985年11月）〈システム〉

バンク・オブ・ニューヨーク（BONY）[25]は、証券会社のために証券受渡と資金決済を行う**クリアリングバンク**（Clearing Bank）であった。1985年11月、同行は**〝自行のシステムトラブル〟**（**障害**）によって証券決済（引渡）が不能となり、証券の受取（すなわち資金支払）が一方的に嵩み、**ニューヨーク連邦準備銀行**（**Federal Reserve Bank of New York**）の口座に巨額の「**赤残**」（**マイナス**）が発生した。

この赤残を埋めるため、**ニューヨーク連銀**から300億ドルの日中与信（当日物）と230億ドルのオーバーナイト（翌日物）の貸出といった**流動性供給**（Provision of Liquidity）を受けることによって、危機を回避した。

これはコンピューター・システムのトラブルによる**オペレーショナルリスク**が具現

---

(25) Bank Of New York 略称「ボニイ」。米国最古参（1784年設立）の銀行。名前の通り、まさにニューヨークの銀行で、本店の住所は1Wall Street であった（日本でいうと東京銀行のイメージか）。

化した典型的な事例である。

(3) ニューヨーク大停電（1990年8月）〈システム〉

米国ニューヨークのウォール・ストリート（Wall Street）地区で発生した大規模な**停電**により、ニューヨークの金融市場や決済システムが数日間にわたり、影響を受けた。金融機関の中にはシステムが停止し、決済業務に支障をきたした先もあった。このため金融市場でも金利等の乱高下が生じた。ニューヨーク連銀も、**自家発電**によって中央銀行決済システム（Fedwire）を稼働させていたが、4日目には自家発電機が故障したため、市郊外にある〝**バックアップセンター**[26]〟を稼働させて急場をしのいだ。これもオペレーショナルリスクが具現化した事例である。

(4) BCCI事件[27]（1991年7月）〈倒産〉

ルクセンブルク籍のアラブ系銀行**BCCI**（Bank of Credit and Commerce International：国際商業信用銀行）が、欧州各国の銀行監督当局から、長年の粉飾決算を理由に資産凍結や営業停止の処分を受けた。これに伴い、同行の海外資産も凍結されたことから、同行と外為取引を行っていた邦銀[28]や英銀等は買入通貨を受け取れず、損失を被った。円売り・ドル買い取引で円を支払ったものの、ドルを受け取れず、元本

(26) Backup Center

(27) この事件をベースとして作られた映画が『ザ・バンク 堕ちた巨像』（2009年）である。

(28) IBJ（日本興業銀行：現みずほ銀行）が被害にあった。

相当額の損失を被ったという形である。信用リスク、それも、まさにヘルシュタット・リスクが具現化した事例である。また犯罪リスクでもある。

(5) ベアリングス事件[29]（1995年2月）〈倒産〉

英国最古で伝統ある**マーチャントバンク**[30]（Merchant Bank）であった**ベアリングス銀行**[31]（Barings Bank）が1995年2月、シンガポールで発覚したトレーダーによる巨額な損失を伴う不正取引で破綻し、その後オランダの金融最大手**ING**[32]に1ポンド（£）で買収された。

破綻の際に、**EBA**（ECU銀行協会[33]）が運営していた**ECUクリアリングシステム**において決済に関する支障が発生した。

2月24日（金）に**ベアリングス銀行**への支払のため、同行のコルレス銀行に27日（月）付の支払指図を発信した銀行が、ベアリングス銀行に破産管財人が任命されたとの情報を入手し、**支払指図**を取り消そうとしたものの、〝**規則上**〟認められず、また反対取引も法的に認められなかった。同行は他行から別途資金を調達し、カバーしたため、ECU決済で当日の最終決済が行われないといった最悪の事態は回避された。まさに信用リスクが**システミック・リスク**に発展しそうになった事例である。これは**決済システムの規則**（**ルール**）に問題があった。そういう意味では**オペレーショナル**

(29) この事件をベースとして作られた映画が『マネートレーダー 銀行崩壊』（1998年）である。

(30) 米国では投資銀行という。

(31) 英国王室御用達の銀行でもあった。

(32) Internationale Nederlanden Groep。オランダ・アムステルダム本店。

(33) 名称は、当時は「ECU Banking Association」であった。その後、Euro の導入によって「Euro Banking Association」に変更した。略称はそのままで変えなかった。

リスクである。

⑹ アメリカ同時多発テロ事件(34) **〈2001年9月〉〈テロ〉**

2001年9月11日(**9・11**)に発生した「アメリカ同時多発テロ事件」(September 11 Attacks)は、**アルカイダ**(al-Qaeda)による4つの同時テロ攻撃で、特にニューヨークの**世界貿易センタービル**(World Trade Center:WTC)は崩壊することになった。世界貿易センターは米国経済のシンボルでもあり、実はその前にも爆破テロの標的にされたことがあった。1993年2月26日、同じくアルカイダによる「世界貿易センター爆破事件」は、世界貿易センタービルの地下駐車場が爆破された事件である。

ニューヨークは銀行などの金融機関や決済システムが集中している地域で、決済を始めとして、金融システムが影響を受けた。この後、**BCP**(事業継続計画:Business Continuity Plan)の策定が、当局主導のもと本格化した。

⑺ リーマンショック(35) **(Financial Crisis)〈2008年9月〉〈倒産〉**

米国の(**大手**)**投資銀行**(Investment Bank)であった**リーマン・ブラザーズ**(Lehman Brothers)が**連邦破産法第11条**(**Chapter11**)の適用を申請して破綻し、

---

(34) 本件をベースとした映画は『ワールド・トレード・センター』(2006年)を始めとして多数ある。

(35) この事件をベースとして作られた映画が『マージン・コール』(2011年)、『インサイド・ジョブ 世界不況の知られざる真実』(2010年)や『マネー・ショート 華麗なる大逆転』(2015年)。事件を解説した映画が『キャピタリズム マネーは踊る』(2009年)である。

これをきっかけに世界的な金融・経済危機が発生した。日本においても、日本法人であるリーマン・ブラザーズ証券に業務停止命令が出された。

リーマン・ブラザーズ証券の破綻に伴って決済が停止された同社の証券取引は、日本国内でも国債や株式などで数兆円に上った。これに対して決済の相手方となっていた**清算機関**（ＣＣＰ）[36]は同社に対するポジションを解消するなど対応した。各国中銀の協調による市場への潤沢な流動性供給もあって、資金決済の**デフォルト**（Default：未払）が連鎖的に発生する事態は避けられた。一方、証券の受渡については、**フェイル**（未決済）の連鎖的な発生が予想されたが、決済プロセス前で食い止められた。

一方、外国為替の決済では、多通貨同時決済を行う**ＣＬＳ銀行**[37]が有効に機能し、円滑な決済が維持された（前述）。**清算機関・ＤＶＰ決済・ＣＬＳ銀行（ＰＶＰ決済）**等それまでに決済システムに組み込まれた決済リスク削減策が有効に機能した。

しかし、**店頭デリバティブ**（OTC Derivatives）取引については清算機関も存在せず、取引の全貌が把握できず、混乱が続いた。これは、信用リスクが具現化し、システミック・リスクまで進んだ事例である。この後、対策のため、日本でも店頭デリバティブの「**取引情報蓄積機関**[38]」（ＴＲ：Trade Repository）を設立し、その清算機関を通じて清算されることになった。

---

(36) Central Counterparty（清算機関）。

(37) Continuous Linked Settlement Bank

(38) ２０１３年に業務を開始。米国の証券決済機関ＤＴＣＣの子会社 DTCC Data Repository（Japan）。

(8) **東日本大震災**[39]（２０１１年３月）〈天災〉

２０１１年3月11日（**3・11**）に三陸沖を震源とする巨大地震が発生し、地震と津波によって甚大な被害が発生した。この間、日本の決済システムである日銀ネット、外為円決済システム、全銀システムは、通信の規制、決済時間の延長などの措置を採りつつ、安定的に稼働を続けた。ただし、一部の大手行では、銀行支店（建物）の物理的な損壊のほか、システム障害が発生し、１００万件以上の支払指図が全銀システムに送信できない事態も発生した。

また、**手形交換所**（Clearing House）については、施設の損壊などから、一時、被災地の手形交換所が休業を余儀なくされるなどの影響が出た。未曽有の大災害はバックアップセンターの重要性が確認された。これも**オペレーショナルリスク**が具現化した事例である。

(9) **マウントゴックス事件**（２０１４年２月）〈犯罪〉

暗号資産（仮想通貨）**ビットコイン（Bitcoin）**の交換業者**マウントゴックス（Mt. Gox）**が破産した。当該社は顧客の預かり口座も保有し実質的に**決済インフラ**であった。一時は全世界で〝7割程度〞のシェアを占め、世界最大のビットコインの交換業

---

(39) Great East Japan Earthquake

者であった。経営破綻の原因は大量（約500億円）のビットコインの消失であるが、**ハッキング（Hacking）**が原因とされ、2015年8月には社長が横領した疑いで逮捕された。この点では、不正行為に基づくオペレーショナルリスクが具現化したものである。交換業者の破綻により仮想通貨が使えなくなることが「**ゴックス化**」ともいわれた。

その後、仮想通貨に関する不正事件は「**コインチェック事件**」（2018年1月）を始めとしていくつも発生している。2018年7月のアルゼンチンG20で世界的に、先進国でも規制が強化される方向になった。中国やインドなどそもそも取引が禁止された国もある。

⑽ 米国金融制裁（2014年6月～）〈犯罪〉

決済業務を行うリスクとして、**マネーロンダリング**[40]の対応に関しての米国当局からの**制裁（Sanction）**がある。これは米国が外交・安全保障の一手段として行っている金融制裁に反して、制裁対象国に対する不正送金等が発覚したときに、司法省やニューヨーク州から莫大な制裁金が科せられるもので、金額もたとえば**BNP**[41]**パリバ**（BNP Paribas）に対する90億ドル（約1兆円以上）と**莫大**である。

BNPパリバのほか、香港上海（Hongkong Shanghai：HSBC）、スタンダード

---

(40) 筆者も実務として担当し、当局の捜査にも協力したが、当初、中東エリアでマネーロンダリングの対象とした個人名は、イスラム教をベースとして、アル、アブドゥル、ハマド、ムハンマド、フセイン、マフムード、ムスタファ、ムバラク、ムハンマドなどの単語の組み合わせであり、同姓同名が多数存在し、困難な業務であった記憶がある。

(41) Banque Nationale de Paris

チャータード（Standard Chartered）、クレディ・スイス（Credit Suisse）、コメルツ（Commerz）等の欧州銀行のほか、邦銀も対象になった。制裁金の金額が莫大なだけに、経営が揺らぐ可能性もあった。逆に〝経営〟に影響を与えるぐらいに膨大な金額でないと効き目がないと当局は考えていた。

これも、一種の**オペレーショナルリスク**、特に**法的リスク**が具現化した例ともいうことができる。今や**マネーロンダリング対策**も決済・金融業務の重要な一部となっている。

⑾ SWIFTハッキング事件(42)（2016年2月）〈犯罪〉

バングラデシュ中央銀行（Bangladesh Bank）のＳＷＩＦＴの不正アクセスにより、約８１００万ドル（約１２０億円）の不正送金事件が発生した。ハッキングされ、いわゆる「なりすまし」で、米国の中央銀行ＦＲＢにあるバングラデシュ中銀の口座から送金された。

送金経路はドイツ銀行（Deutsche Bank）を経由して、フィリピンの**リサール商業銀行**（ＲＣＢＣ：Rizal Commercial Banking Corporation）のマニラ市内の支店にある口座に入金された。犯人は口座から現金で出金し、大部分は行方不明となっている。犯行はドイツ銀行からの照会で発覚した。

---

(42) この事件も映画化される予定である。

犯人はバングラデシュ中央銀行になりかわってメッセージを送信できるようになっていた。SWIFTのシステムを知り尽くした犯人から加入者を守るためには、システム運営者のSWIFTも対策が必要であったと指摘されている。

SWIFTに対する同様の手口の事件は、ほかにも2015年1月エクアドルの銀行Banco del Austro、2016年5月ベトナムの銀行Tien Phong Bank、6月ウクライナの銀行（名称不明）、2017年11月ネパールの銀行NIC Asia Bankなどで少なくとも5件、発生していた。この事例もオペレーショナルリスクが具現化した例である。リスクの伝播が発生しないのが不幸中の幸いであった。その後、SWIFTでは**「顧客安全プログラム」**（CSP：Customer Security Programme）が推進されている。

⑿　コインチェック事件（2018年1月）〈犯罪〉

その後も、仮想通貨交換業者への不正アクセスが相次ぎ、代表的なものとして2018年には**コインチェック**（Coincheck）から約580億円が不正出金された。

⒀　ビジネスメール詐欺（2019年9月・10月）〈犯罪〉

特殊詐欺の一つである法人を狙った**ビジネスメール詐欺**で、2019年9月、「トヨタ紡織」の欧州子会社が約40億円、また同年10月「日本経済新聞」の香港子会社が約32億円、不正出金された。

⒁ スマホ決済インフラ不正出金（２０２０年10月～）〈犯罪〉

フィンテック系のドコモ口座などで、残高や連動する銀行口座などから、不正出金が相次いだ。ドコモ口座、PayPay、メルペイ、LINE Pay、ゆうちょ銀ミヂカ（廃止）、J-Coin Pay、セブンペイ（廃止）などいくつも発生した。スマホ決済と連動する場合、携帯会社の本人確認で十分とする点が問題であった。

⒂ みずほ銀行システム障害（２０２１年２月～）〈システム〉

２０２１年にはＡＴＭを始め、以下８回のシステム障害が発生した。

1. 18台ＡＴＭ停止、５２４４件カード通帳取込み（２月28日）
2. カード取込み29件（３月３日）
3. ＡＴＭ、ネットバンキング一部停止（３月７日）
4. 外国為替送金遅延（３月12日）
5. 店舗窓口の取引停止（８月20日）
6. ＡＴＭ１３０台停止（８月30日）

7．ＡＴＭ１００台停止（9月8日）
8．外国為替送金遅延（9月30日）

みずほ銀行の新システムＭＩＮＯＲＩは単なるシステムの刷新ではなく、３行の完全統合（実り）を象徴するものであった。ＭＩＮＯＲＩ(43)は頭文字をつなげたものではなく、Ｍ（みずほ）のＩＮＯＲＩ（祈り）が込められたようにもいわれている。実際には合併行の並立がベンダーなどのシステム構造にも反映され、システム障害の下地となった。

コラム7 ── 進んでいた江戸時代

江戸時代の貨幣制度は、現在の日本のそれとはずいぶん違う複雑な形であった。基本的には、**金**（一両小判）・**銀**（一分銀など）・**銅**（銭）の「**三貨制度**」といわれた。

しかも、「関東の金遣い、関西の銀遣い」といわれ、江戸を中心とした関東は「**金**」が中心で使われ、大坂を中心とした関西は「**銀**」が中心で使われた。これは、金の主産地が新潟の**佐渡金山**で、銀の主産地が島根の**石見（いわみ）銀山**であったことと関わりが深いといわれている。

しかも、金と銀の交換は**変動相場制**で行われていた。つまり、関東と関西の経済の状況で自

(43) システム刷新・統合を実現したいという祈り。

動的な調整がなされていたということである。

江戸時代に貨幣を造っていた場所（今でいう造幣局）を「**座**」というが、金座・銀座・銅座などがあった。銀座は東京の名所としてまだそのまま地名に残っている。江戸にも金座はあったが、その場所は現在、**日本銀行本店**になっている。

江戸時代には「**両替屋**」というものがあり、日本の銀行の前身である。江戸の三井家、大坂の鴻池家などがあった。日本橋でもあり、金座は三井家が所有していた。そのころの鋳造技術は現代と変わらないレベルであった。

ちなみに、英国では**スターリング**（Sterling）家が鋳造を家業として行っていた。そのため、今でも名残として、ポンド（Pound：£）のことをスターリング・ポンドとか、銀のことをスターリング・シルバーという。日本でいうと三井家の金とか銀などといっているようなものである。

さらに、日本では先物取引が大坂・**堂島**(44)で誕生していた。シカゴの先物取引所でも入り口に堂島の絵が敬意をもって飾ってある。しかも、江戸時代、貨幣とは別に、各藩が「**藩札**」として、今でいう債券を発行しており、それが流通していた。両替屋はそういった商品にも対応していた。

そのころの日本では、国内に**変動相場制**、**先物取引**、**鋳造技術**、そして**両替**と世界最高レベルの金融制度ができていたのである。

(44) その流れを継いでいるのが、現在の先物取引を扱う「堂島取引所」である。

第4章

Introduction of
Settlement Infrastructure

銀行

1 銀行

決済において、重要な役割を果たすのが**銀行**（Bank）を始めとした**預金取扱金融機関**[1]である。２０１０年に「**資金決済法**」が施行されるまでは、（資金）決済を「**代行**」すること（**為替業務**）は、**銀行法**によって、銀行以外はできなかった。

銀行は一般の会社と比べて、その業務の性質から、一段厳しい「**銀行法**」に準拠している。銀行は決済インフラの中でも**社会インフラ**として高レベルの管理が求められてきた。**２０２１年**にみずほ銀行がＡＴＭ等のシステム障害をたびたび起こしたが、免許を所管する金融庁は、みずほ銀行に対して経営を揺るがす問題として「**報告徴求命令**」を発出した。

また、**決済の完了性**（**ファイナリティ**）を持つ、日本銀行に口座を開設できるのは、基本的には「**銀行**」などだけである。一般の個人・法人は口座を開設できない。また、日本銀行は、**本店**のほかに**32の支店**と**14の国内事務所**がある。海外拠点は、ニューヨーク、ワシントン、ロンドン、パリ、フランクフルト、香港、北京の7支店・事務所がある。

「**新しい形態の銀行**」とは、金融庁の分類用語で、従来の伝統的な銀行にはない業

(1) 銀行、信用金庫および信用協同組合などの協同組織金融機関のこと。

務を行う銀行を指す。インターネットバンキングを主体とする銀行、商業施設との連携を主体とする銀行、中小企業への融資を主体にする銀行、破綻した銀行の業務を一時的に引き継ぐことを主体にする銀行など、業務を特化した銀行のことである。ネット（専業）銀行は、ＧＭＯあおぞら銀行、PayPay 銀行、住信ＳＢＩネット銀行、ソニー銀行、大和ネクスト銀行、みんなの銀行、楽天銀行、ＵＩ銀行である。**有人店舗**を展開するイオン銀行、セブン銀行、ローソン銀行の**流通系**3行を合わせて計11行がある。２０００年に「**ジャパンネット銀行**」（現、PayPay 銀行）が開業したのが最初である。

2　銀行等の決済インフラ

銀行や、決済にかかわる**金融機関**についても新しい主体が出てきているが、**金融庁の分類**では以下のようになっている〈図表４－１〉。

金融庁が出す免許などには、免許、指定、登録、許可、認可、届出とあり、この順番で厳しさは免許が最も厳しい。銀行には免許が必要である。

図表４－１　銀行免許一覧（令和６年８月時点）

預金取扱等金融機関（733 社）

- 銀行〈免許〉
  - 都市銀行（4）
    - みずほ銀行
    - 三井住友銀行
    - 三菱 UFJ 銀行
    - りそな銀行
  - 信託銀行（13）
    - 三菱 UFJ 信託銀行
    - 三井住友信託銀行
    - みずほ信託銀行
    - 農中信託銀行
    - 野村信託銀行
    - SMBC 信託銀行
    - オリックス銀行
    - 新生信託銀行
    - 日証金信託銀行
    - 日本カストディ銀行
    - 日本マスタートラスト信託銀行
    - ステート・ストリート信託銀行
    - ニューヨークメロン信託銀行
  - その他銀行（17）
    - あおぞら銀行
    - イオン銀行
    - SBJ 銀行
    - au じぶん銀行
    - GMO あおぞら銀行
    - PayPay 銀行
    - SBI 新生銀行
    - 住信 SBI ネット銀行

- 整理回収機構
- セブン銀行
- ソニー銀行
- 大和ネクスト銀行
- みんなの銀行
- 楽天銀行
- ローソン銀行
- ゆうちょ銀行
- UI 銀行

外国銀行支店（54）

地方銀行（61）

第二地方銀行（36）

その他銀行（1）

- 埼玉りそな銀行

銀行持株会社〈免許〉（34）

- みずほフィナンシャルグループ
- 三井住友フィナンシャルグループ
- 三菱 UFJ フィナンシャル・グループ
- りそなホールディングス
- ソニーフィナンシャルホールディングス
- 三井住友トラスト・ホールディングス
- 日本郵政
- AFS コーポレーション
- au フィナンシャルホールディングス
- SBI 地銀ホールディングス
- フィデアホールディングス
- じもとホールディングス
- プロクレアホールディングス
- 第四北越フィナンシャルグループ
- めぶきフィナンシャルグループ
- 東京きらぼしフィナンシャルグループ

- コンコルディア・フィナンシャルグループ
- 三十三フィナンシャルグループ
- 十六フィナンシャルグループ
- しずおかフィナンシャルグループ
- あいちフィナンシャルグループ
- ほくほくフィナンシャルグループ
- 北國フィナンシャルホールディングス
- 池田泉州ホールディングス
- 関西みらいフィナンシャルグループ
- 京都フィナンシャルグループ
- 山口フィナンシャルグループ
- ひろぎんホールディングス
- ちゅうぎんフィナンシャルグループ
- トモニホールディングス
- ふくおかフィナンシャルグループ
- 西日本フィナンシャルホールディングス
- 九州フィナンシャルグループ
- おきなわフィナンシャルグループ

信用金庫〈免許〉

- 信用金庫連合会（1）
  - 信金中央金庫
- 信用金庫（254）

労働金庫〈免許〉

- 労働金庫連合会（1）
  - 労働金庫連合会
- 労働金庫（13）

信用組合〈認可〉

- 信用協同組合連合会（1）
  - 全国信用協同組合連合会

	信用組合（143）	
系統金融機関（農林中央金庫、信農連、信漁連）〈認可〉		
	農林中央金庫（1）	
		農林中央金庫
	信用農業協同組合連合会（32）	
	信用漁業協同組合連合会（9）	
信託兼営金融機関〈認可〉（58）		

（出所）金融庁

銀行の改革

都銀（**都市銀行**）は、すでに**2006年**には再編が終了し、**3メガバンク**（**みずほ・三井住友・三菱UFJ**）・**4大銀行**（**3メガバンク＋りそな**）の体制になった。最近では、金利や低い経済成長によって銀行の経営環境が悪化する中、2020年に**菅義偉首相**が「数が多すぎる」（**オーバーバンキング**）と発言したこともあり、銀行業界、特に地方銀行などが、再編・改革の時期を迎えた。少子高齢化の中、特に地方で人口が減り続け、超低金利の長期化で資金収益も上げにくくなる中、「オーバーバンキング」（銀行過剰）は問題となった。取引量を追求して時には県境を越えて金利競争を繰り広げ、逆に収益力を低下させる悪循環となっていた。

上場地銀の足元の決算では、純利益の合計は前年同期比で減少し、全体の6割が最終減益・赤字となっている。「**限界地銀**」などと呼ばれ、構造不況業種と認識され、**産業政策**として対応されている。

一方、**地方銀行**への経営支援もなされており、**日本銀行**は経営統合や経費節減をした銀行の当座預金に〝**上乗せ金利**〟を付けている。**金融庁**はコンピューターシステムの統合に掛かる費用の一部を補助している。

金融庁の金融審議会銀行制度等ワーキング・グループにおいても検討されているが、以下の4つが銀行経営の方向である。その中でも、通常の**経営改革**の①～③と**地域貢献**の④と2つがある。特に日本の地方経済の支援も色濃く出ており、地域商社事業も始めている。2020年施行の特例法によって、地銀は向こう10年間は**独占禁止法**の**対象外**となる。**人材派遣**等も解禁されている。

①銀行の統合や異業種からの出資
②経営改善のための経費の削減
③新業務の開始
④地域貢献のための出資

まずは、銀行は店舗の統廃合（削減）を進めている。**地方銀行**の**再編**も**単独**か、**統合**かと**選択**が迫られている。その中で「SBI(2)」は「第4のメガバンク」を目指し、独自のグループ化を進めている。**山陰合同銀行**や**南都銀行**のように、「**郵便局**」に業務を委託する銀行もある。

---

(2) 当初はソフトバンク系であり「SoftBank Investment」であった。同グループから独立し、「Strategic Business Innovator」（戦略的事業の革新者）とした。

3 銀行口座

銀行に口座を保有することというのは、どの国でも〝**信用**〟の証となる。銀行の〝**本人確認**〟（マネロンチェック）済みのクリーンな**預金口座**ということである。

日本では「**銀行口座**」は、数でいえば一人当たり**約6口座**保有している。また、**携帯電話**やスマートフォンなどの**モバイル端末**は、普及率では〝**9割**〟を超えている。〝**新興国**〟ではこれが逆転し、携帯電話を持っていても、銀行口座を保有していない層がある。この層こそ、**スマホ決済**などの**新型決済インフラ**のターゲットとなる。一般的に、銀行口座の申込書よりも、携帯電話（スマホ）の申込書の方が情報量が多い。ということは、携帯電話の申込書があれば、銀行口座の申し込みも可能となる訳である。

銀行は、**中央銀行**（日本だと日本銀行）に開設した**当座預金口座**（**当預**）を通じて、最終決済を行い、それが〝金融〟の信用の拠り所となる。**基本的には**、中央銀行には銀行など以外は口座を開設できない。具体的[3]には、**銀行**、**証券会社**、そして仲介者としての**短資会社**などである。

２０２２年、決済システムである**全銀システム**の参加資格が資金移動業者にも拡大

---

(3)
①資金決済の主要な担い手（銀行、信用金庫、外国銀行支店、協同組織金融機関の中央機関、資金清算機関、銀行協会など）。
②証券決済の主要な担い手（金融商品取引業者（証券会社、外国証券会社）、証券金融会社、金融商品取引清算機関）。
③短期金融市場取引の主要な仲介者（短資会社）。

された。決済システムの最終決済を行うために、日本銀行に口座を保有していなければならないことや、ＲＣ(4)（中継コンピューター：Relay Computer）接続することなどの**条件**は、銀行などと同様である。

国税庁(5)は**海外口座情報**を、足元、２００万件以上入手しており、**ＣＲＳ**(6)（**共通報告基準**）によって国際的な税逃れ防止に活用している。足元では、日本居住者、約２５０万人の情報を海外から受領し、外国居住者の約50万人の情報を外国税務当局に提供した。最近では、匿名性と流動性が高く、租税回避や脱税に使われている恐れもあるとして、**暗号資産**の情報も対象となっている。

４　決済業務

近年の決済業務は、主として**リテール（対顧客）**の分野で、**スマホ決済**など**新型決済インフラ**が政策としても推進されている。新型決済インフラは**無料**(7)か、あるいは非常に安い手数料で決済（送金）を行う。

銀行業では、以前より**リテール部門**の収益性が低いといわれてきた。毎年メガバンクでは約１０００億円程度がシステム予算に使われており、その約７割はＡＴＭを始

---

(4) ２０２３年10月の「全銀システム障害」では、このＲＣの部分で障害が発生した。

(5) 財務省の外局。

(6) Common Reporting Standard

(7) たとえば、PayPay の送金手数料は無料。

めとしたリテール部門のシステムの維持・運用に使われている。

みずほ銀行は約4500億円をかけて2019年に「**MINORI**」をリリースした。システムのメインのターゲットは**リテール部門**である。通常システムは**5年程度**で償却するが、将来のリテール部門収益の低下を見越して**1年**で償却した。また、メガバンクは約500店舗のうち約6割の店を閉める(8)。それはリテール業務の今後の方向を示している。基本的に銀行は**新型決済インフラ**(9)には対応しない。また、決済業務は、通常、**預金（口座）**とセットで行われる。

新型決済インフラの分野では、メガバンクでは「**みずほ銀行**」のみが「**J-Coin Pay**」を19年3月にスタートさせた。5万円以下が可能の資金決済法の第三種資金移動業者である。想定された取引は**割り勘**などで、少額送金も可能になっている。9月に不正アクセスを受け情報が漏洩した。**三菱UFJ銀行**は当初「**MUFGコイン**」を構想していたが、名称を「**COIN＋**」に変更し、アプリ決済としてリクルートとの合弁会社で運営している。

---

(8) 最近では、逆に、富裕層をターゲットとした新店舗（支店）を〝開設〟している銀行もある。

(9) 例えば、電子マネー機能は、銀行商品では、デビット（カード）である。既にあるためである。

5　国際的に重要な銀行

リーマンショック（金融危機）で発生した問題点は、**店頭デリバティブの取引情報蓄積機関**（TR：Trade Repository）が存在しなかったこと、さらに**国をまたいだ金融機関**が国際的に問題を伝播させたことであった。この反省から、国際合意に沿って、**自己資本比率規制**（BaselⅢ：**バーゼルⅢ**）に関する告示に基づき、「**グローバルなシステム上重要な銀行**[10]」（**G-SIBs**）および「**国内のシステム上重要な銀行**[11]」（**D-SIBs**）、つまり**巨大銀行**を指定した。銀行ごとに金融システム上の重要性を評価し、**リスク・アセット**（Risk Asset）対比で一定水準の追加的な資本の積立てを求める。**金融安定理事会**（**FSB**）[12]が2011年からG－SIBsの認定を行っており、足元29行が指名されている。

日本では、G－SIBsとして、**三菱UFJフィナンシャル・グループ**（Mitsubishi UFJ Financial Group）、**みずほフィナンシャルグループ**（Mizuho Financial Group）、**三井住友フィナンシャルグループ**（Sumitomo Mitsui Financial Group）、D－SIBsとして、**三井住友トラスト・ホールディングス**（Sumitomo Mitsui Trust Group）、**農林中央金庫**（Norinchukin Bank）、**大和証券グループ**（Daiwa Securities Group）、

(10) Global Systemically Important Banks

(11) Domestic Systemically Important Banks

(12) Financial Stability Board：事務局は、スイスにあるBIS（国際決済銀行）内におかれている。

野村ホールディングス（Nomura Holdings）が指定されている。

6 現金取扱

　銀行は業務として〝**現金**〟の取扱いをしているが、現在〝**現金取扱い**〟は銀行にとって**収益性**の低い業務である。しかも**盗難**などのリスクが高い。また、現金を保有していることは、運用ができていない（利息が付かない）ということで、現金有高をなるべく減らそうとする。また、「現金取扱」のコストは、銀行を始めとした金融業界全体で年間〝**約2兆円**〟とされている。

　銀行の歴史を見ると、銀行は「**両替商**」（**Exchange**）がその起源である。**日本円**の通貨制度ができあがっており、現在では、**国内**での両替は**紙幣・硬貨の交換**である。たとえば小銭を取り扱う商店など、銀行の窓口で両替を行う方がいる。また、現金取り扱いをしない支店（現金レス支店）を「**軽量店**」ともいう。そこでは、高性能のＡＴＭを置き、**資産運用相談**に軸足を置く。２０２１年5月より、三菱ＵＦＪ銀行と三井住友銀行は**ＡＴＭ共同利用**を行っている。

銀行口座もデジタルに移行しており、通帳の取扱いも廃止したいこともあり、「**通**

帳発行手数料」も設定されている。一方、**あおぞら銀行**など通帳を全廃する銀行もあり「**ウェブ口座**」に移行する。また、多くの銀行で「**口座管理手数料**」も新設された。

コンビニＡＴＭの普及によって「**夜間金庫**」などの終了も相次いでいる。銀行の集金業務は**警備会社**などの集配金の代金サービスに切り替わっている。

ＡＴＭ（Automatic Teller Machine）は、１９９９年がピークで12万台を記録したが、その後、減少している。足元、**セブン銀行**は２万５千台となっている。銀行は固定費の大きい店舗やＡＴＭの効率化に向かっている。**セブン銀行**、**ローソン銀行**や**ゆうちょ銀行**がコンビニエンスストアにＡＴＭを置いている。「**イーネット**」（E-net）は金融機関等から出資された企業で、コンビニＡＴＭ等を運営しており、約１万２千台を運営している。

7　情報銀行

決済業務でもそうであるが、「**個人データ**」を信託財産として利活用と規制が始まった。日本でも「**個人情報保護法**」を２０１５年に改正し、２０１６年には「**官民データ活用推進基本法**」によりデータ利活用の法律も施行された。

総務省が経済産業省と合同で開催している情報信託機能の認定スキームの在り方に関する検討会において作成された「情報信託機能の認定に係る指針」に基づき、2019年3月に新たに「**情報銀行**」を認定した。

「**情報銀行**」（**情報利用信用銀行**）とは、個人とのデータ活用に関する契約などに基づき、管理をするとともに、個人の指示又は条件に基づき、個人に代わり妥当性を判断の上、データを**第三者**（**他の事業者**）に提供する事業である。暗号化・漏洩対策を義務付け、違反があれば認定を取り消す。法的免許ではなく、認定取得も任意である。足元、情報銀行の認定は、撤退した電通系を含めて7社と伸び悩む状況となっている。

8 システム共同化[13]

銀行も再編されているが、組織的な完全な合併は、人事も含めてなかなか大変である。さらに、銀行の業務というのは、基本的には**同じ業務**（機能）を行っている。もともとは各銀行[14]でシステム管理をしていたが、**システム会社**に「**クラウド化**」（**アウトソース**）することが進んでいる。そのため、システムの面だけでも共同してシステ

(13) 追加情報として、第10章にも記述あり。

(14) メガバンクのシステム関係費用は毎年約1000億円程度といわれている。

ム会社に管理を移行させることが進んでいる。

基幹となる〝オープン**勘定系システム**〟では、**ＮＴＴデータ**が運営する「**地銀共同センター**」、同じく**日本ＩＢＭ**の「**Chance 地銀共同化システム**」、同じく**日本ユニシス**の「**BankVision**」などがある。

システム会社としても、多数のシステムを請け負うことによって、全体としてのコストを引き下げることが可能になる。**ＳＢＩ**も「第4のメガバンク構想」をベースにして、地銀向け勘定系システム「**ＳＢＩ地方創生バンキングシステム**」を開発した。このシステムの共同化が地方銀行の再編の一つの要因になりえる。**三菱ＵＦＪ銀行**と**三井住友銀行**が発表した**ＡＴＭ共同運営**も、システム共同化の一つである。

コラム8 ―― 銀行

決済インフラとして重要な役割を果たしている「**銀行**」であるが、現代の企業の名前として違和感を持ったことはないであろうか。○○証券や□□商事などの名前は分かりやすい。

紙幣が主流となる前、中世から、硬貨がメインの現金であった。金属は、国際貿易のためか、オリンピックと同様に、**金・銀・銅**の3硬貨体制がどの国でもできあがっていた。

その3種類の硬貨では、地球上で金は現在でもオリンピック水泳プール3杯分といわれており、そもそも少ない。そのため、実用的には、世界中で主として「**銀**」が使われていた。もっというと、漢字というものには意味があって、「金」よりも、使い勝手が「良」いから「銀」なのである。

たとえば、ドルの通貨記号$であるが、このSは**Silver（銀）**のSといわれている。ちなみに、通貨記号では¥のように2本線（天秤棒）を入れる決まりがある。そういう意味では$は1本線であり、それはWordというプログラムの問題である。また「賃金」のことを「**チンギン**」というが、「賃銀」の名残といわれている。

中世以降、おカネは「銀」という認識が一般化した。「**行**」は中国語にも残っているが企業を表す。内田洋行のような企業名もある。

つまり、銀行とは「おカネ」を扱う会社ということなのである。中国でも同様に銀行という。

第5章

Introduction of
Settlement Infrastructure

現金系決済

本章では、「**現金**」（Cash）系の、「新型決済インフラ」を解説する。現金系決済は、主として**個人顧客**（**リテール**）が行うもので、「**現金**」、「**電子マネー**」（Electronic Money：前払式支払手段[1]）、「**デビットカード**」（Debit Card）、「**クレジットカード**」（**Credit Card**：後払式支払手段）などがある。

その割合は足元、多い順に現金、口座振替・振込、クレジットカード、電子マネー、デビットカード＝約5割、約2割強、約2割弱、約1割、約1％強である。日本は他の先進国[2]と比べ**現金**と**口座振替**[3]の比率が高く、**デビットカード**の比率が低いという特徴がある。なお、口座振替、クレジットカード、デビットカードは「第6章　口座振替系決済」で解説する（暗号資産（仮想通貨）については、特に第1章で解説済）。

キャッシュレス政策は「**経済産業省**」（**経産省**）が推進しており、「**キャッシュレス・ビジョン**」（Cashless Vision）（2018年）にその方針と施策が示してある。そこでは、日本のキャッシュレス比率（2015年）は、諸先進国が4～6割であるのに対し**約2割**となっていた。同じく経済産業省が担当する2025年4～10月の「**大阪・関西万博**」までに、キャッシュレス比率を〝**4割**〟に高めるとした。そして、将来的には世界最高水準の〝**8割**〟を目指す、としている。キャッシュレス化を進める理由は、消費者の利便性の向上、店舗の効率化・売上拡大、データの利活用、つまりは**デジタル化**に向かい、**経済成長**が見込まれる、ということである。少子高齢化によ

---

(1) 支払の時に使う〝媒体〟を「支払手段」という。

(2) クレジットカードの決済割合は、米国や英国は約25％、韓国は高く約6割である。決済インフラの使用割合は各国別に、金融（決済）制度の歴史や文化によって特徴がある。

(3) 日本の銀行の事務が堅確であったこともその一因である。

る人手不足にも対応する。

1　現金

現金通貨[4]

日本における「**現金**」（**現金通貨**）には、「**紙幣**」（**お札**）（日本銀行では「**銀行券**」という）と「**硬貨**」（日本銀行では「**貨幣**」という）がある。本書では、一般的な用語として主として紙幣と硬貨という用語を使用する。

通貨全般および硬貨（貨幣）については、「**通貨法**」（通貨の単位及び貨幣の発行等に関する法律）、紙幣（銀行券）については「**日本銀行法**」（第46条）で定められている。

通貨の単位も重要で、江戸時代は、金銀銅の〝**金属通貨**〟を使用しており、基本的には**重量**[5]（両）で価値を測った。

１８７７年（明治10年）に**西南戦争**（Satsuma Rebellion）が勃発し、その資金の

---

(4) 「新通貨」については第１章を参照。

(5) 「両」は重さの単位。約38グラム。

調達として民間銀行[6]により大量の紙幣が発行された。その結果、**ハイパーインフレ**[7]（Hyperinflation）になり、経済が困窮した。**日本銀行**はその事態を終息させるため1882年（明治15年）に業務を開始した。

ざっくりとした**生産コスト**（製造原価）は**1円玉**（1グラム）は100%アルミニウムでもあり約3円、**5百円玉**（7グラム）は銅、ニッケルと亜鉛で**約50円**、**1万円札**は**約20円**程度といわれている。紙幣全体の製造コストは**約500億円**、貨幣のそれは**約150億円**といわれている。

「**現金発行量**」については、**財務省**（**理財局 国庫課 通貨企画調整室**）の所管で、**日本銀行**業務局・発券局と連携を取りながら、紙幣と硬貨の需要（実需）を検討し、決定している。2024年度は、**国立印刷局**に発注する「**1万円札**」は通常年は平均して**約10億枚**であったが、新札を供給させるということもあり、**約18億枚**と多めの水準となった。

「**ニセ札**」（**贋札**[8]）など通貨偽造は、**国**（**通貨**[9]）の**信用**を揺るがし、**国家の転覆**[10]をも生じかねない性質を持つため、どの国でも重罰が課される。日本では、刑法（第148条）の**通貨偽造罪**[11]が適用され、最低でも3年、最高で無期懲役となる。現在、**国立印刷局**以外の**コピー機**にはすべて「紙幣のコピー」を**防止**する**機能**が備わっている。

---

(6) その頃は、指定された民間銀行がそれぞれ現金（紙幣）を発行していた。

(7) 前月比50%以上の物価上昇がハイパーインフレの定義とされている。また国際会計基準は「3年間で累積のインフレ率が100%以上」となっている。

(8) 英語だとCounterfeit Note/Fake Note。

(9) 〝通貨〟における信用を、特に「信認」ということが多い。

(10) ナチスドイツも〝ニセポンド〟を発行し、英国経済を混乱させようとしたが失敗した。

(11) 「殺人罪」の次の重罪。

現金発行量とタンス預金⑫

　2023年末の**現金発行量**は**約125兆円**である。前回の紙幣に切り替わった2004年では約65兆円であり〝**倍**〟となっている。〝**異次元の金融緩和**⑬〟を続ける日銀がおカネを大量に供給していることが背景にある。このうち約半分の**約60兆円**は金融機関に預けない、いわゆる「**タンス預金**」であり、同様に増加している。

　日本の〝**現金発行量**〟はGDP対比で**約2割**である。**先進諸国**は大体**約1割**で、**北欧諸国**は極端に少なく**約1%**であり、日本はここでも〝現金需要〟が多いということが分かる。

　最近、タンス預金が増加した理由は、**2016年**からの**マイナス金利**などの**低金利政策**によって**預金の金利**（**魅力**）が低下したためといわれている。タンス預金の問題は、金融・経済的な弊害、つまり**マネーロンダリング**に流れる危険（反社会勢力対応）、**税金**の捕捉が及びにくい（脱税防止）、**金融政策**の**効果**の**低下**（政策効果の向上）である。そのため、第1章で解説した様に、**キャッシュレス化**・**新通貨発行**などによって、タンス預金を政策的に減らそうとしている。

　歴史的に見て、そもそも、日本で**タンス預金**が多いのは、1946年に行われた、

⑫ 第1章を参照。

⑬ 量的緩和というようなときに目標となっている通貨発行量とは、現金のみでなく当座預金も含んでいる（マネタリーベース）。

いわゆる「**預金封鎖**」（Deposit Blockade）のためでもある。戦後の混乱期の**ハイパーインフレ**を終息させるために、政府は敗戦直後の1946年**金融緊急措置令**および**日本銀行券預入令**を公布し、〝5円〟[14]以上の**日本銀行券**を預金、あるいは貯金、金銭信託として〝強制的〟に金融機関に預入させ、「既存の預金とともに封鎖のうえ、生活費や事業費などに限って**新銀行券**による払出しを認める」という非常措置を実施した。これが「**新円切り替え**」、一般的には「**預金封鎖**[15]」などといわれているものである。

インドの紙幣廃止

新興国のインドでも、**2016年**に新通貨発行による経済通貨改革を行った。突然、**1000ルピー（Rupee）**と**500ルピー**紙幣の**廃止**を行い、同時に、**新紙幣500ルピー**と**2000ルピー**を**発行**した。**フィンテック**の発展の一条件であるが、インドは金融・決済インフラも発展途上であり、現金は銀行に預金されておらず、銀行口座保有率は人口の約5割であった。しかも、新興国らしく、政府が把握していない「**地下経済**」がGDP対比〝**約4割**〟もあり、所得税納税者は全人口の**約3%**に過ぎなかった。このような状況を改善すべく、また、国民の財産把握のために突然、紙幣の廃止を行った。この交換は銀行で行った。その個人情報と換金金額はそのまま**税務署**

(14) 当時の1円は、現在だと約1400円程度。5円は現在だと約7000円程度か。

(15) 過去、一部に、日本の過大な財政赤字を埋めるために、預金封鎖が再び行われるのではないかという噂が流れた。

に連絡が行き、**財産把握（脱税防止）**が可能になった。またインドには28州があり、国のように税制が別々であったが、２０１７年に**物品・サービス税（ＧＳＴ：**Goods and Services Tax）を導入し統一した。

米国の硬貨不足

足元、米国の決済手段で**現金**は**約３割**に満たない。しかし、**10ドル未満**の決済に絞ると現金支払は**約５割**に達する。２０１８年に米国は硬貨不足の事態になった。新型コロナで小売店や銀行が営業を休止し、消費者も硬貨を使わなかったため、流通が滞り、**硬貨**は消費者の手元に滞留していた。**ＦＲＢ**は２０２０年７月から前年比７割増となる毎月17億万枚のペースでの硬貨の増産に入った。

この問題は、日々の生活を現金払いに頼る**低所得者層**の生活を直撃した。個人運営の食品店などが加盟する全国食料品店協会によると客の５人に１人は現金支払で、個人運営の食品店は**銀行口座**を持たない顧客が多い。こうした顧客の日々の買い物に支障がでる。米国民の〝**約７％**〟が銀行口座を持たず、人種別では黒人の約２割、ヒスパニック系の約１割強が該当する。格差の問題があるのである。

スウェーデンの過度の電子化

スウェーデンなど北欧は、**電子化比率**が非常に高い国々で、逆に（コスト削減等のためにも）現金が使用できる店舗が減ってきている。最近、その弊害が出てきており、**電子マネー**や**スマホ決済**に弱い**高齢者**が現金で日用品を購入しようとしても、できなくなっている。特に生活に密着している決済インフラの電子化もいきなり100%にすればよいというわけではなく、デジタル対応が可能な〝**年齢層**〟の移行に合わせて進めることが大事である。要は**人**に合わせたデジタル化の**加減**にも注意しなければならない。言い方を変えると、デジタル化は〝**年齢**〟と関連が深い。

2 電子マネー

電子マネー（Electronic Money：e-money）とは〝**企業**〟により提供される〝**新型決済インフラ**〟であり、法的な**通貨**（法定通貨：日本では円）そのものではない。レジなどにある**決済用端末**にカードを通したり、かざしたりするだけで決済（支払）が済む。小銭を持ち歩いたり、お釣りを受け取ったりするといった手間を省ける。

電子マネーは「**プリペイド**」（**前払：Pre-Paid**）方式と「**ポストペイ**」（**後払：Post-Pay**）方式があるともいわれる。プリペイド方式の電子マネー（前払式支払手段）は「**資金決済法**」にも電子マネーと規定されているが、厳密にはポストペイ方式（後払式支払手段）は電子マネーではない。ポストペイ方式は一時的に立替えが発生し、実質的には「**クレジットカード**」である。

基本的には、顧客（消費者）は〝**あらかじめ**〟**ICカードやスマホ決済インフラにバリュー（金銭的な価値）をチャージ（入金）**し、これを利用する。店頭での商品購入では、現金などで代金を支払う代わりに、消費者の持つバリューを減算し、同時に店舗側のバリューを増加させることにより支払が完了する。前払式支払手段は、**紙（商品券）→（ICチップ付）カード→スマホ（モバイル決済）**と進化している。

①**商品券**[16]〈**紙**〉

プラスティックではない、デパートなどの**紙**によるもの。**ギフト券**ともいう。発行は多岐にわたる。商品券とギフトカードの違いは、紙かプラスティックカードかの差による。

②**ギフトカード**〈**プラスティックカード**〉

紙ではなく、プラスティックのプリペイドカードで基本的に〝**電子マネー**〟である。

16「プレミアム付き商品券」は景気回復のため、税金で補助して額面以上の金額を使えるというもの。全国の9割以上の自治体で発行されている。最近では電子化も進行している。

こちらも発行は多岐にわたる。コンビニエンスストア等でも**Amazon**、**Apple**等多数のカードが様々な金額で発行・販売されている。ネット購入等でも使用できる。

③ICカード型電子マネー〈プラスティックカード〉

プラスティックカードに**ICチップ**[17]が付いたもの。発行者によって**Suica**（JR東日本）、**PASMO**（首都圏の私鉄系）、**nanaco**（セブン&アイ系）、**WAON**（イオン系）、**楽天Edy**（楽天系）等がある。

④スマホ型モバイル電子マネー〈スマホ〉

カードの代りにスマホ（スマートフォン）の〝**アプリ**[18]〟（Application）にチャージさせる電子マネーのこと。携帯電話のころに始まったサービスの名称が残り、「**おサイフケータイ**」とも呼ばれる。

⑤QRコード型モバイル電子マネー（後述）〈スマホ〉

QRコードを使ってモバイル決済する電子マネーのこと。中国の「**アリペイ**」、「**ウィーチャットペイ**」を始め、日本の「**～Pay**」といわれる**スマホ決済インフラ**も同様である。

⑥サーバー型電子マネー〈サーバー〉

ネットワーク上の**クラウドのサーバー**（Server）にバリューを補完する。「**Web-Money**」（ウェブマネー）、「**BitCash**」（ビットキャッシュ）等がある。海外および国

---

(17) integrated circuit chip

(18) 特定の用途や目的のために設計されたソフトウェア。

際的な取引では「**PayPal**」（ペイパル）がある。

⑦**ポストペイ型電子マネー（後払式支払手段）〈カード・スマホ〉**（第６章で解説）

〝立替え〟が発生するため、仕組みとしては電子マネーではなく、〝クレジットカード〟である。「**iD**」（ＮＴＴドコモ）、「**QUICPay**」（ＪＣＢ）、「**Visa Touch**」（Ｖｉｓａ）等がある。

※７ペイ事件

鳴り物入りで、２０１９年７月１日、**セブン&アイ（７&i）・ホールディングス**のグループ会社が「**7pay**」（セブンペイ）のサービスを開始したものの、**不正アクセス**が相次ぎ、３カ月後、同年９月30日をもって、すべてのサービスを廃止した。被害総額は約６千万円といわれている。現在、金融サービスでは二段階認証が当たり前となっているが、一段階認証だったり、勝手にパスワードを再設定できたりなど、セキュリティの脆弱性が指摘された。

3 企業通貨

「**企業通貨**[19]」とはいわゆる「**ポイント**」（Point）のことである。機能として、広義に見ると**（民間）企業**が発行する**ポイント**から、企業が発行する電子マネー全般まで含まれる。いわゆる〝**マイレージ**〟（Milage）のような単純な「企業ポイント」から、「**共通ポイント**」が登場し、「電子マネー」（ほぼ現金）へも交換できるようになっている。日本では「ポイント」制度が他の先進国諸国と比べて、発達している。

企業ポイント制度は、海外でもあるが、英語では**Loyalty Program**[20]といい、各種の商品・役務の購入金額あるいは来店回数等に応じて、一定の条件で計算されたポイントを顧客に与えるサービスのことで、顧客は、ポイントを次回以降の購入代金の一部に充当し、商品やサービスと交換することができる。もちろんこのポイントが次回以降のインセンティブになる。

中央銀行が発行した**現金**は、前章で説明した「**決済完了性**」を保有しており、現金の受渡で決済が完了する。民間企業等が発行した電子マネーやポイントを始めとした「**企業通貨**」は、民間企業だけに決済完了性がない。一言でいうと、民間の発行主体

---

(19) これも筆者が定義した単語である。

(20) この場合「忠誠心」の意味。

（運営企業）が〝**倒産**〟する**可能性**があるからである。

さらに、日本銀行が発行する「通貨」の**信用（信認）**の拠り所については、法律に加え、通貨を発行するときにほとんどの場合、「国債」を購入して対価として供給する。すなわち日本銀行の保有資産としての**国債**の評価が問題となる。「国債」は日本国政府が発行しているので、政府が保有する、国民に対する「**徴税権**」が最終的な拠り所（担保）となっている。そのような観点では、足元、個人資産合計は**約2200兆円**であり、そのうち**50%超**が銀行預金となっている。また国債をはじめとした公債発行額は**約1100兆円強**[21]であり、このバランスが通貨の信用の一つのベースになる。

また、ポイントを付与する事業者は、ポイントサービスをマーケティングにも活用する。顧客は自分の個人情報、そして購買パターンなどの情報を供与することになる。そこには、すなわち個人情報漏洩のリスクもある。

顧客はこのポイント（企業通貨）を貯めるが、各社のポイントを交換できる「**ポイント取引所**」（Point Exchange）もあり、**ポイントの交換**も可能で、集中させることも可能である。また、そもそも提携先を増やし「**共通ポイント**」として〝**4大ポイント**〟があり、集中させる方もいる。

さらに、その企業通貨を〝**電子マネー**〟等に交換することも可能である。しかし、これは企業に**通貨発行**を認めるようなものであり、問題になった。当局の立場は、あ

(21) 国の借金を合計すると1300兆円になる。

くまでもポイントは「**おまけ**[22]」（お負け）の位置づけで、〝**少額**〟ということで認められている。電子マネーなど最近の金融商品は、省庁をまたいだ法律の横断的対応が必要なことが多い。「**共通ポイント**」を手がける企業が電子マネーに参入する場合もある。

※ポイ活（ポイント活動）

ポイントを貯めたり、貯まったポイントを活用したりすること。商品やサービスを購入したときに**貯まるポイント**のほか、クレジットカードや電子マネーを**利用して貯まるポイント**などがある。貯まったポイントは特定のアイテムやほかのポイントに交換できたり、支払いに使える。さらには、アンケート等に答えたり、友人を紹介したりすることによって、ポイントを増やせる「**ポイントサイト**」もある。更に、最近では、ポイントをおカネと見立てて、おカネを投資するように増やせる「**ポイント投資**」も行われ始めている。

ポイントは、財務省・金融庁・日本銀行は自身が行っている金融政策・資金供給に〝**影響を与えることのない量**〟ということで認可している。一般的に電子マネー（現金・おカネに近い形）にできる〝**実質的な限度額**〟は〝**2万円程度**〟とした。逆に航

---

(22)「わきまえ」である。

空会社などでの高額航空券購入など以外は、日々のポイントの蓄積が少額であり、大きい金額になりにくい。そのため、「**ポイント経済**」は実体経済を超えることはできない。

⑴　企業ポイント

航空会社系（ＪＡＬマイレージバンク・ＡＮＡマイレージクラブ等）、**ＥＣ系**（楽天ポイント等）、**デパート・スーパー**、**クレジットカード**を始め〝**多数**〟存在する。

最近では、航空会社の**マイレージ事業**は**担保価値**を持ち、**資金調達**を可能としている。２０１０年の日本航空破綻のときには、**株式**は**無価値**になったが、**マイレージ**は保護された。一般的には**有効期限**[23]がある。

⑵　共通ポイント

提携先と共通して**ポイント**を貯め、使用ができる。さらに企業ポイントから、関連のある電子マネーに交換できる。代表的な先（５大ポイント）は「**楽天ポイント**」（楽天）、「**Ｖポイント**[24]」、「**Ｐｏｎｔａポイント**[25]」、「**ｄポイント**」（ＮＴＴドコモ）、「**ｎａｎａｃｏ**（ナナコ）」（セブン＆アイ）、「**ＷＡＯＮ**[26]」（イオン）などがある。

---

(23) おカネ（現金）には、一般的に有効期限はない。

(24) Ｖｉｓａポイント。元〝Ｔポイント〟で、Ｖｉｓａ加盟店でもポイントが貯められる。会員数は約１・５億人。ＴはTsutayaの略。

(25) Ｐｏｎｔａは、元々はPoint Terminalの略。三菱商事の関連会社が発行・管理。

(26) 「和音」と「イオン」を掛けたもの。

図表5－1 ポイント交換サイト

ポイントサイト系	ハピタス、げん玉、モッピー、ワラウ、ちょびリッチ、ポイントタウン、GetMoney!、すぐたま、ニフティポイントクラブ、EC ナビ、アメフリ、たまるモール by ふるなび、えんためねっと、GMO ポイ活、ポイントインカム、PONEY、Powl、クラシルリワード
アンケートサイト系	キューモニター、リサーチパネル、infoQ、マクロミル、
共通ポイント系	ポイント広場（NTT データ）、Ponta ボーナスパーク、V ポイントモール、楽天リーベイツ
交換サイト系	PeX、G ポイント、ドットマネー、ネットマイル、RealPay

（出所）筆者作成

(3) ポイントサイト

アンケートへの対応、友達の紹介、広告の視聴などでポイントが付与される、ポイントを〝貯める〟サイトである。

但し、基本的には、交換比率でいうならば、ポイントはそもそもの企業で使うのが〝率〟としては最もよい。交換を重ねるほど目減りしていく。航空会社ではマイレージ取得に注力する「**マイラー**」[27]という方々も出現した。この中で、特に〝**交換サイト系**〟は決済インフラである。

(27) 和製英語。

4　外国通貨

現金（通貨）の分野では「**外国通貨**」（現金）も考える必要がある。**１９９８年**の**外国為替（外為）法改正**で、外国為替銀行制度、指定証券会社制度、両替商制度の廃止など外国為替業務に着目した規制が撤廃され、銀行以外の者でも〝**自由**〟に「**外貨の売買**」を業務として行うことが可能になった。

ただ1カ月の両替額が１００万円を超えると「**報告義務**」がある。なお切手や商品券、テレフォンカード（テレカ）は「**古物商**[28]」の許可証（免許）が必要である。外貨現金の売買には古物商の免許も不要なので、銀行、両替商（両替所）、金券（チケット）ショップ（古物商）、旅行代理店、ホテル等でも外貨両替ができる。

現在、三菱ＵＦＪ銀行グループ外貨（現金）両替の専門店「**ワールドカレンシーショップ**」では18[29]の外貨現金（紙幣）を取り扱っている〈図表５－２〉。

外国現金の取扱いは、為替レートの**スプレッド**があるものの、もちろん為替レートの変動のリスクがあり、保有しているときには無利子で、偽札や盗難のリスクもあり、金融機関としては**対応コスト**が高い。

---

(28) 所管は警察である。「質屋」は貸出であり、保管設備、いわゆる「質の蔵」の建設で、火事でも燃えない、地震でも倒れない、水害でも水没しない、ある一定以上の空間が必要になる。

(29) 成田空港の千葉銀行ではロシアルーブル、北欧通貨（販売のみ）、メキシコペソ、ブラジルリアル等を加え24通貨の取扱いをしている。同じく京葉銀行は東欧通貨を加え26通貨の取扱いをしている。ロシアルーブルは一時的に取扱いを停止している銀行が多い。

図表5－2　三菱UFJ系カレンシーショップの取扱通貨

	通貨コード	国	通貨名
1	USD	アメリカ	ドル
2	EUR	EU	ユーロ
3	GBP	イギリス	ポンド
4	CHF	スイス	フラン
5	AUD	オーストラリア	ドル
6	HKD	香港	ドル
7	CAD	カナダ	ドル
8	SGD	シンガポール	ドル
9	NZD	ニュージーランド	ドル
10	THB	タイ	バーツ
11	KRW	韓国	ウォン
12	TWD	台湾	ドル
13	CNY	中国	元
14	IDR	インドネシア	ルピア
15	XPF	ニューカレドニア等	パシフィックフラン[30]
16	MYR	マレーシア	リンギット
17	VND	ベトナム	ドン
18	PHP	フィリピン	ペソ

（出所）当該社ホームページ

(30) CFPフラン（Change Franc Pacifique：Pacific Franc Exchange：太平洋フラン通貨）ともいう。ニューカレドニアやタヒチなどフランス領ポリネシアの通貨である。

トラベルプリペイドカード

「**トラベルプリペイドカード**」（Travel Prepaid Card）は、海外で使用できるプリペイドカードである。カードで持ち歩くことができ、海外でのショッピングや現地通貨の引出しにも使える。年齢制限もなく、海外出張、海外旅行や、クレジットカードが持てない海外留学に行く学生にも向いている。最近では「**海外デビットカード**」もある。

以前は「**トラベラーズチェック**」（ＴＣ：Traveler's Check：旅行小切手）があったが、マネーロンダリングに使用されたこともあり、２０１４年に販売を終了した。その役割を引き継ぐものである。

ＪＡＬの「JMB Global Wallet」は14通貨の取引ができ、ＪＡＬマイレージバンク機能がついている。同様にＡＮＡの「ＡＮＡマイレージバンク：Sony Bank Wallet」は10通貨で取引ができる。

5 代行決済

(1) 代引決済

代引決済（**COD**：Collect On Delivery）とは、宅配業者の業務拡大によって可能になったサービスで、商品代金を荷物の受取り時に支払う方法のことである。いいかえれば、顧客宅の玄関口で商品と代金（現金）などの受渡しを〝同時〟に行うことによって決済を行う。

決済リスク（前述）、それも交換型決済における決済リスクは受渡しの時差（タイムラグ）によって発生する。しかし、この場合のように、受渡しを同時（時差ゼロ）に行うことにより、決済リスクは消滅する（ゼロになる）。この構造が、外為や証券などの交換型決済のリスク削減の基本的な考え方である。

代引決済は、ショッピングサイトで利用される決済の中で、**クレジットカード決済**に次ぐシェアを有している。**佐川急便**（**e－コレクト**）、**ヤマト運輸**（**宅急便コレクト**）等が実施している。また、「**着払い**」は〝運賃〟を荷物の受取り時に支払う方法である。

(2) 収納代行[31]

コンビニエンスストアなどで収納代行時に、一般的にはＱＲコードとバーコードがある。税金の支払の時にも使用される。

ＱＲコード

「ＱＲコード」とは、デンソーが１９９４年に開発した２次元コードである。ＱＲとは **Quick Response** の略である。**ロイヤリティ[32]フリー**（Royalty-Free）にしてから、アジアを中心とした世界に普及した。先に述べた中国の**ＱＲコード型モバイル決済**（ウィーチャットペイとアリペイ）が中国で普及し、日本では逆輸入のような形で拡大した。

バーコード

「**バーコード**」（Barcode）とは、レジスターなどの機械が読み取りやすいデジタル情報として入出力できる一次元のコードである。製造国や希望小売価格などの情報が

(31) 本書では「決済端末」として前述済である。

(32) 著作権にもとづく手数料。

入っている。

「**コンビニ決済**」は、主としてバーコードの読取り機能を使うことによって、詳細なデータをシステムに取込み、公共料金や税金等の代金を支払うサービスである。従来、公共料金や税金等の代金支払いは銀行窓口で行っていたが、コンビニエンスストア（コンビニ）の業務拡大によって可能になった。このほか、**コンビニ**は銀行や多くの決済サービスに対応しているなど金融業務への対応が著しい。

足元、全国展開しているコンビニは全体で**約6万店**、大手ではセブン-イレブン（**約2万2千店**）、ファミリーマート（**約1万6千店**）、ローソン（**約1万5千店**）などがあり、郵便局（**約2万4千店**）に十分対抗できる。セブン-イレブンはソフトバンク、ローソン（三菱商事）はＫＤＤＩ、ファミリーマート（伊藤忠）はＮＴＴドコモと組んで更なる**デジタル化**を進めている。

第6章

Introduction of
Settlement Infrastructure

口座振替系決済

図表6－1　口座振替系決済

決済手段	1	口座振替
	2	ペイジー
	3	デビットカード
	4	クレジットカード
	5	キャリア決済
	6	SNS決済
	7	海外ウェブ決済
代行主体	8	決済代行サービス会社
	9	システム代行

（出所）筆者作成

現金などのやりとりを介さない決済は、基本的には〝同じ組織〟の内に口座が共にあり、その間の「**口座振替**」である。本章では、その現金を介さない〝口座振替系〟の決済を解説する。〈図表6－1〉

ここでは〝**預金取扱機関**〟すなわち「**銀行**」（Bank）が中心となる。〝**一般の方々の預金**〟（Deposit）を取扱う企業には、基本的には、「**会社法**」よりも厳しい「**銀行法**」が根拠法となる。**銀行法第1条**は「この法律は、銀行の業務の公共性にかんがみ、信用を維持し、預金者等の保護を確保するとともに金融の円滑を図るため、銀行の業務の健全かつ適切な運営を期し、もつて国民経済の健全な発展に資することを目的とする」とある。

個人や法人などの主体が保有する単位が「**口座**」（Account）である。先にも記したが、キャッシュレスなど電子化・デジタル化の政策によって、現金を用いない、**デビット（Debit：預金自動引落）カード**、**クレジットカード**[1]、**新型決済インフラ**の〝Payシリーズ〟といった「スマホ決済インフラ」（サービス）などが推進され、増加している。

また〝アマゾン〟や〝楽天市場〟などの**EC**[2]**サイト**の普及で、特に**クレジットカード**などの**ネット決済**の利用が拡大している。送金の手間や費用を省く利便性がある一方、決済情報や個人情報を盗もうとする犯罪のリスクもある。この種の犯罪も手を替え品を替え〝進歩〟している。

1　口座振替

「**口座振替**」（**DD：Direct Debit**）とは、公共料金やクレジットカード等の支払が〝自動的に〟銀行の預金口座から引落とされるサービスである。Debitとは「引落[3]」の意味である。利用企業が、顧客からの申込書（預金口座の印鑑付き）を銀行（支店）に提出して登録し、導入される。

(1) クレジットカードの決済も最終は口座振替である。

(2) Electronic Commerce の略。電子商取引。

(3) 会計上では、借方に記帳することである。

実は、この「口座振替」という仕組み（決済インフラ）は、他の先進国と比べて「日本」は多く使用されている。これは、日本における〝**銀行の事務**〟に対する**信用**(4)**（信頼）**が支えていると考えられる。銀行の事務は〝**堅確**〟でなければならない。

2　ペイジー

「**ペイジー**」（**Pay-easy**）とは、**税金**を始めとした**公共料金**などの決済を、金融機関の窓口やコンビニのレジではなく、パソコン、スマホ（スマートフォン・携帯電話）、ネットやＡＴＭから24時間支払うことができる機能を持つ。主として（当時の）**富士銀行**（**現みずほ銀行**）などで、２００１年に開始された**電子収納代行サービス（決済インフラ）**である。ほとんどの銀行で利用可能である。

収納機関（民間・地方公共団体・官公庁）と金融機関との情報の受渡は、紙や磁気媒体、個別のネットワークなどを利用して行われてきた。しかし、大変な事務量で（手作業に近く）、この問題に対応したものである。

決済インフラは、「**マルチペイメントネットワーク**」（**ＭＰＮ**(5)）で、収納機関と金融機関を結び、顧客・金融機関・収納機関の間で発生する、様々な決済にかかわるデー

(4) 筆者は銀行に最後まで残る価値がこの「信用」（Integrity）だと考えている。

(5) Multi-Payment Network、通称「マルペイ」。ＮＴＴデータが開発・運営をしている。

タを伝送するインフラである。運営は「**日本マルチペイメントネットワーク運営機構**」（J.A.M.M.O.）[6]が行っている。

3　デビットカード

「**デビットカード**」（**Debit Card**）とは、**預金口座**と紐付けされた「**即時決済**」（**支払**）用カードである。金融機関が発行し、取引の際に使用すると代金が預金口座から引き落とされる仕組みである。Ｖｉｓａ、ＪＣＢなどの国際ブランドも参入し、クレジットカードの仕組みと近いが、原則として立替はなく預金の口座残高を超えない範囲で使用できる。そのため、使い過ぎにはなりにくい。

「**J-Debit**」（**ジェイデビット**）は、２０００年に（当時の）**富士銀行**[7]（現、みずほ銀行）と**ゆうちょ銀行**が中心となってスタートしたサービスで、金融機関で発行されたキャッシュカードが、買物や食事代の支払に〝そのまま〟利用できる。支払の際にキャッシュカード（デビットカード）を提示し、端末に暗証番号を入力すると、利用代金が顧客の金融機関の口座から即時に引落とされ、銀行、信用金庫、信用組合、労働金庫や農協・漁協といった全国ほとんどの金融機関が発行したキャッシュカードが

(6) Japan Multi-Payment Network Management Organization

(7) 富士銀行は代々、「公金」取扱いに強みがあった。公金とは、国家、または地方公共団体のおカネのことをいう。以前は、国家公務員を始めとした公務員は、公平性の観点から民間銀行の預金口座に給与振込ができず、現金手交であった。

そのまま使える。

J-Debit のほかにも、クレジットカード会社系の「**Ｖｉｓａデビット**」、「**デビットMasterCard**」、「**ＪＣＢデビット**」等多数ある。**中国**の「**銀聯カード**」(8)もデビットカード機能があり、当初はデビットカードとしての使用がほとんどであった。

デビットカードはその**立替**がなく（〝信用〟に基づいたものではなく）、その機能からいって、クレジットカードよりも**電子マネー**に近い。メガバンク等は、電子マネーと同じ機能であるとして、電子マネーを発行しない。例外は**みずほ銀行**で２０１９年に「**J-Coin Pay**」を発行した。

4 クレジットカード決済

「**クレジットカード**」（**Credit Card**）とは、店頭やネットといったマルチチャンネルで、主として商品やサービスの購入等に使われる、**後払決済**（**支払**）**手段**である。**名前**（**大文字ローマ字**）、**16桁の契約者番号や期限**、３桁の**セキュリティコード**（Security Code）などが記載された、（基本的には）プラスティックカードを使用する。

クレジットカードの**ビジネスモデル**は珍しく、「**サービス**」を受ける方（顧客）が

---

(8) かつて、中国は個人の信用情報機関が発達していなかったので、実質的にクレジットカードの発行は容易ではなかった。そのため、初期の中国からの来日客は、主としてデビットカードとして銀聯カードを使用した。

手数料を払うのではなく、**サービス**をした「**店舗**」が払うという特殊な形である。

２０１９年10月から20年６月まで実施した政府の**キャッシュレス・ポイント還元策**(9)において、**参加事業者**に決済手数料の開示と、手数料を３・25％以下に抑えることを求めていた。

クレジットカードの世界６大「**国際ブランド**」とは、「**ＶＩＳＡ**(10)」（ビザ：約５割強）、「**Mastercard**(11)」（マスター：約３割弱）、「**中国銀聯**」（ＵＰ：Union Pay：ユニオンペイ：約１割強）、「**アメリカン・エキスプレス**(12)」（ＡＭＥＸ：約７％）、「**ＪＣＢ**(13)」（約３％）、「**ダイナース**(14)」（Diners）（約２％）である。

クレジットカード業界に特有の存在である「**イシュア**」（**Issuer：発行会社**）は国際ブランドからライセンスを取得し「**顧客**」を獲得する。イシュアの大手は銀行系は**三井住友カード**、**三菱ＵＦＪニコス**、ＥＣ系は**楽天カード**、上場大手４社として**イオン**、**クレディセゾン**、**オリコ**、**ジャックス**がある。また、クレジットカード業界には、「**加盟店**」を取得し、国際ブランドに取り次ぐ「**アクワイアラ**」（**Acquirer：獲得会社**）という主体もある。

クレジットカードは、足元、平均の決済単価は「**約５千円**」である。**電子マネー**（**スマホ決済インフラ**）と比べると高額である。ちなみに平均の月当たり決済額は「**約７万円**」である。そのため、金額別のキャッシュレス種類別では、常に１位であ

(9) 政府（経済産業省）は２０１９年10月の消費税引き上げに伴い、需要平準化対策として、キャッシュレス対応による生産性向上や消費者の利便性向上の観点も含め、９か月間に限り実施。

(10) Value International Service Association が元々の名称である。バンク・オブ・アメリカが作ったカード会社が始まりである。ＡＴＭネットワークの PLUS も運営している。

(11) チェース・マンハッタン銀行を中心に作ったカード会社が始まりである。欧州に強みを持つといわれている。ＡＴＭネットワークの「Cirrus」を提供している。

(12) American Express：ウェルズ・ファーゴ銀行関連の運送業者が、その始まりであ

る。

「後払型電子マネー」（支払手段）も、立替が発生することから実質的に**〝クレジットカード〟**に分類される。**「iD**[15]**」**（NTTドコモ）、**「QUICPay**[16]**」**（JCB）や**「Paidy」**（ペイディ）等がある。後払型電子マネーとしての使用メリットは、その名の通り、事前にチャージが必要ないことである。最近、電子マネーの利用が減ってきている。それはこの事前のチャージが必要という**二度手間**[17]のせいである。

「キャリア決済」とはクレジットカード決済と同様な仕組みの後払決済である。スマホ・携帯電話などの**〝（通信）キャリア〟**が、加盟店から譲り受け、その代金をキャリアの**〝料金〟**と一緒に支払う決済スキームである。**「ドコモケータイ払い**[18]**」**（NTTドコモ）、**「ａｕかんたん決済」**（ａｕ）、**「ソフトバンクまとめて支払い」**（ソフトバンク）などがある。

請求書の内訳には通話料等と分けて表示され、キャリア決済を利用した履歴が残る。後払いということで、クレジットカードと同様な機能となっている。一般的にクレジットカードと比べ、限度額は1~5万円程度と低めになっている。

る。

(13) 日本クレジットビューロー：Japan Credit Bureau。Bankではない。三和銀行が中心となり設立した。

(14) 発祥はレストランから。名称が「夕食をする人」である。

(15) NTTドコモが運営。「自己証明、存在証明」を意味する「Identity」と「身分証明書・社員証」などを意味する「iD」から。

(16) クレジットカードと一体化させることも可能。

(17) 電子マネー導入時の決め事で、当時の決済方式に影響が少ないようにこの方式にした。また、電子マネーの上限金額も当時のJR東日

5　新型決済インフラの登場

初期のフィンテックはみな、**パソコン（インターネット）**を使った**送金系の決済インフラ**[19]だった。ビットコインなどの暗号資産（仮想通貨）[20]もそうだし、「**PayPal**」（ペイパル）もそうである。PayPalは、１９９８年にカリフォルニア州サンノゼ（San Jose）[21]で設立された、電子メールアカウントとインターネットを利用した決済サービスを提供するアメリカの企業である。

そのころはスマホがまだ普及しておらずパソコンを使用した、いわゆる〝**ウェブ型〟電子マネー**であり、PayPal口座間やクレジットカードでの送金や入金を行った。その後、インターネット・オークションの「**eBay**」に２００２年に買収され、ＥＣサイトの一部（子会社）となっていたが、２０１５年に独立した。

PayPal[22]が大きく拡大したのは、２００８年の**リーマンショック（Financial Crisis）**がきっかけである。リーマンショックの影響で〝個人の信用〟が傷み、多数の方がクレジットカードを解約させられた。そのため、個人の信用リスクに影響されないフィンテックの電子マネーやデビットカードの使用が増加した。

さらにＥＣにおいては、様々な形で**決済サービス（新型決済インフラ）**が拡大して

本の最も高い（長い）チケット（除く新幹線）が2万円弱だったために2万円に決めた。

(18) 子会社ソフトバンク・ペイメント・サービスが（登録）資金移動業者。

(19) PayPal、Mーペサ、アリペイ、ビットコインなど。

(20) 後に投機商品となる。

(21) いわゆる**シリコンバレー**（Silicon Valley）のエリアの町である。

(22) PayPal は資金移動業者。

いる。**アマゾン**(23)**(Amazon)**は、「**Amazon Pay**」を提供している。このサービスは、アマゾンジャパン以外のECサイトでも、アマゾンアカウントによるログインと、アマゾンを経由した決済を行えるようにするものである。アマゾンはECサイトから、決済インフラの提供も始めているのである。

決済において〝**システム**〟は重要な役割を果たす。企業も、銀行を始めとした金融機関も、決済サービスをシステムまで含めて**アマゾンウェブサービス(AWS)**(24)等へクラウド(アウトソーシング)の受託を業務として開始した。日本最大のメガバンク**三菱UFJ銀行**が銀行の基幹系のシステムまでAWSにクラウド化した。システムを含めたこのような決済や金融の潮流は、ブロックチェーンなどの**分散化**ではなく、実は**集中化**して、さらにクラウド化に向かうのが流れである。

6 決済代行サービス

特に「中小企業」(法人)にとってEC(25)取引をしたとしても自ら決済を行うには、ある程度のコストがかかる。そのためシステム的に「**決済代行サービス会社**」(決済代行業者：決済サービスプロバイダー：PSP(26))が存在する。

---

(23) Amazon.com(アマゾン・ドット・コム)は1994年に設立されたが、当初は「Cadabra.com」(カダブラ)であった。Cadaver(死体)と発音が似ているため変更した(アブラ・カダブラやアリ・ババなど、この分野では古い中東を題材とすることが多い)。世界最大の流域面積の南アメリカのアマゾン川から現在の名称を決めた。

(24) Amazon Web Services

(25) Electric Commerce：電子商取引のこと。

(26) Payment Service Provider

現在、様々な決済の代行が可能になっている。クレジットカード、代金引換、銀行振込、コンビニ、電子マネー、ネット銀行、キャリア、口座振替、収納代行、後払決済等あらゆる決済に対応する。２０２１年４月、決済代行サービスの監督を通じ安全性を高める「改正割賦販売法」（経済産業省所管）が施行された。

一方、２０１８年には銀行法の改正により「オープンＡＰＩ」として「電子決済等代行業者」が誕生し、決済指図伝達と口座情報取得を業務としている。

また、特にクレジットカード決済やスマホ決済インフラなど様々な決済インフラを利用可能にする「**端末**」（カードを通す端末）が提供され始めた。端末機の名称では「**Square**」（米カリフォルニア本社：三井住友と業務提携）、「**STORES**」（旧 Coiney：日本の独立系）、「**楽天ペイターミナル**」（楽天）、「**AirPAY**」（エアペイ：リクルート）、などがある。

7　主たる決済インフラ

決済や金融はフィンテックを見ても分かるように、ＩＴサービス企業との関係が深いどころか〝一体化〟していく傾向がある。その中でも「**ＮＴＴデータ**[27]」（ＮＴＴ

---

(27) ２０２３年７月、持株会社名を（株）ＮＴＴデータグループ、国内事業会社名を（株）ＮＴＴデータに変更した。

DATA）は、〝決済システム〟から〝ATMネットワーク〟まで様々な〝決済インフラ〟を提供している。NTTデータでは、金融機関同士や小売会社、クレジットカード会社、行政などの決済・収納窓口を結ぶ大規模ネットワークシステムを開発・運用してきたが、その商品ラインアップでまさに日本の決済インフラ全体を理解することができる。

①日銀ネット（日本銀行金融ネットワークシステム）（詳細後述）

日本の中央銀行である日本銀行の決済システムで、日本の決済の中核である。

②全銀システム（全国銀行データ通信システム）（詳細後述）

内国為替取引（振込）の決済システムで、全国の金融機関相互でオンライン処理を実現している。

③統合ATMスイッチングサービス（統合ATM）

金融機関が保有するATM（現金自動預払機）の相互利用取引電文を中継するサービスであり、他行ATMを利用した現金支払、残高照会や、自行ATM、インターネットバンキングを利用した他行への振込に伴う口座確認等の各種サービスを都市銀行、地方銀行、信託銀行等、業態の垣根を越えて提供する。日本のATM／CDネットワークは、以前は金融機関の業態別に保有していた。現在は、それぞれのネットワークを統合した形となっている。代表的なネットワークは以下がある〈図表6－

図表6－2　銀行ATMサービス

名称	英語略称	内容
都銀キャッシュサービス	BANCS(28)	都市銀行ATM／CDの相互接続ネットワーク
全国地方銀行協会システム	ACS(29)	地方銀行ATM／CDの相互接続ネットワーク
全国キャッシュサービス	MICS(30)	民間金融機関（9業態）相互間のCD・ATMオンライン提携ネットワーク

（出所）筆者作成

2〉。

④**ANSER**(31)（アンサー）

ANSERとは、**1981年**にサービス開始された**各種金融業務**の**自動化サービス**である。金融機関の窓口やATMで行っていた金融取引（残高照会や入出金明細の連絡、顧客の口座からの振込・振替など）を会社や自宅、外出先などでも利用することを可能とするサービスである。

⑤**CAFIS**(32)（キャフィス）

CAFISとは、**1984年**からサービス開始された**クレジットカード決済**の**統合ネットワークシステム**である。利用社数・取引量とも日本最大のカード決済総合サービスとなっている。全国の加盟店（店舗・企業）とクレジットカード会社や金融機関をネットワークで結び、各種カードでの取引や決済を処理する。

---

(28) Bank Cash Service

(29) All Japan Card Service

(30) Multi Integrated Cash Service

(31) Automatic answer Network System for Electronic Request

(32) Credit And Finance Information Switching system

⑥**マルチペイメントネットワーク**[33]（**Pay-easy**）[34]（前述）

税金・各種料金の支払をパソコンやスマホで実現している。「**日本マルチペイメントネットワーク運営機構**」が運営し、税金や各種料金の支払いをインターネット等で行えるサービス「**Pay-easy**」（ペイジー）を提供するネットワークである。

⑦**地銀共同センター**（前述）

主に**地方銀行向け勘定系システム**の**共同利用型センター**で、決済を始めとした勘定系システムである。ＮＴＴデータではないＩＴベンダー[35]も行っているが、足元、**地方銀行13行**が参加している。

---

(33) 通称「マルペイ」。

(34) 対応するＡＴＭなどにはステッカーで表示がある。

(35) ＩＢＭの「Chance 地銀共同化システム」、日本ユニシスの「BankVision」などもある。

第7章

Introduction of
Settlement Infrastructure

決済システム

本章では〝**金融機関**〟をつなぐ決済インフラである「**決済システム**」(Settlement System)について解説する。決済システムに参加できるのは、日銀ネットと同様に基本的には「**銀行**」や「**証券会社**」を主とした**金融機関**だけである。日本では**企業（法人）**や**個人**などでは参加できない。

日本銀行によれば、銀行間の「おカネの受払」や「証券の受渡」等を、円滑に行うために作られた集中的な仕組みを、一般的に「決済システム」としている。決済システムのうち、「資金（おカネ）」の受払を行う仕組みを「資金決済システム」、「証券」の受渡しを行う仕組みを「証券決済システム」という。こうした仕組みを構成する要素としては、コンピューター・ネットワーク等の物理的なもののほか、決済に関する契約、慣行上のルールや、関係法令等も含まれる、としている。

基本的には、国の単位[1]が重要で、通貨と法律が規定する。〝決済ヒエラルキー〟で見ると、中央銀行の次に位置する部分である。

（銀行）振込[2]

現在、最も一般的な「送金」の方法であり、金融機関（銀行等）に保有する預貯金口座[3]に資金を払い込むことである。また、〝**同一顧客**〟の〝口座間〟の資金移動は、

(1) 基本的には、国ごとに通貨も違う。

(2) 英語では、Bank Transfer、Money Transfer。

(3) 銀行では顧客預り金を〝預金〟といい、ゆうちょ銀行では〝貯金〟という。

図表7－1 振込の分類と決済インフラ

行内振込	行内振替
他行振込	決済システム経由

（出所）筆者作成

一般的に「**振替**」という。

ちなみに、現金を直接送付する方法として、**郵便局**（**ゆうちょ銀行**）の「**現金書留**」という手法もあるが、上限は**50万円**である。また、「**切手**[4]」とは**切符手形**（きりふてがた）の略称である。「**葉書**[5]」とは**端書**（はしがき）からといわれている。

①行内振込（内部振替）

銀行内部での**口座間**の資金の**付替**（**振替**）で、銀行の**行内**（**勘定**）**システム**内の記帳で完了する。この場合、**外部**との資金の授受は発生しない。外部の決済システムを使用しないために、決済システムの稼働時間や相手銀行の事情に左右されず、一般的に他行振込よりも遅い時間まで対応できる。

②他行振込

日本国内の**他行**にある**口座**への振込の場合は、基本的には〝**銀行間の決済インフラ**〟＝〝**決済システム**〟である「**全銀システム**」（詳細後述）で行う。ほとんどの**日本の銀行**（**預金取扱金融機関**）に送金が可能である。全銀システムでの資金の最終的な銀行間の決済は、**日本銀行**（**中央銀行**）に保有している金融機関の

---

(4) 「お金を払って得た権利の証明となる紙片」のことを広く「切手」といった。

(5) 紙の切れっ端などに書く覚書きを「端書」（はしがき）という。また「**タラヨウ**」（多羅葉）は、その〝葉〟に文字が〝書〟けることから、これが語源とも。1997年、当時の郵政省はタラヨウを「郵便局の木」に制定し、各地の郵便局が植樹した。また、タラヨウは、イチョウと同様に雄木（おぎ）と雌木（めぎ）がある。

当座預金口座の付替で集中決済を行う。これが決済システムを通じた決済の基本的な仕組みである。また大口《おおぐち》〝**1億円以上**〟の取引は即時に決済する。

※本邦5大決済システム

かつては、銀行間を結ぶ「**資金決済システム**」の構成としては、日本では「**日銀ネット**」「**全銀システム**」「**外為円決済システム**」があった。この三つは日本の決済システムの特徴でもあるが〝**役割分担型**〟となっている。

「**日銀ネット**」が銀行間決済、「**全銀システム**」が個人・企業の振込、外為円決済システムは（機能的には**日銀ネット**が全面的に代行しているが）外為・国際取引を対象としている。この三つは「**順為替**」の決済となる。

このほか**手形・小切手**を対象とした「**手形交換制度**」や**電子記録債権**（**電子手形**）を対象とした「**でんさいネット**」がある。この手形・小切手、そして電子記録債権も基本的には請求書のようなもので、「**逆為替**」の決済となる。

(1) 日銀ネット

「**日銀ネット**」（**BOJ-NET**）は、1988年に稼働（電子化）した**日本銀行金融ネットワークシステム**の略称で、日本銀行自身[6]が運営しているシステムである。

---

(6) 日銀のシステムは府中分館の「電算センタ
発・運行。

図表7－2　5大決済システムの関係

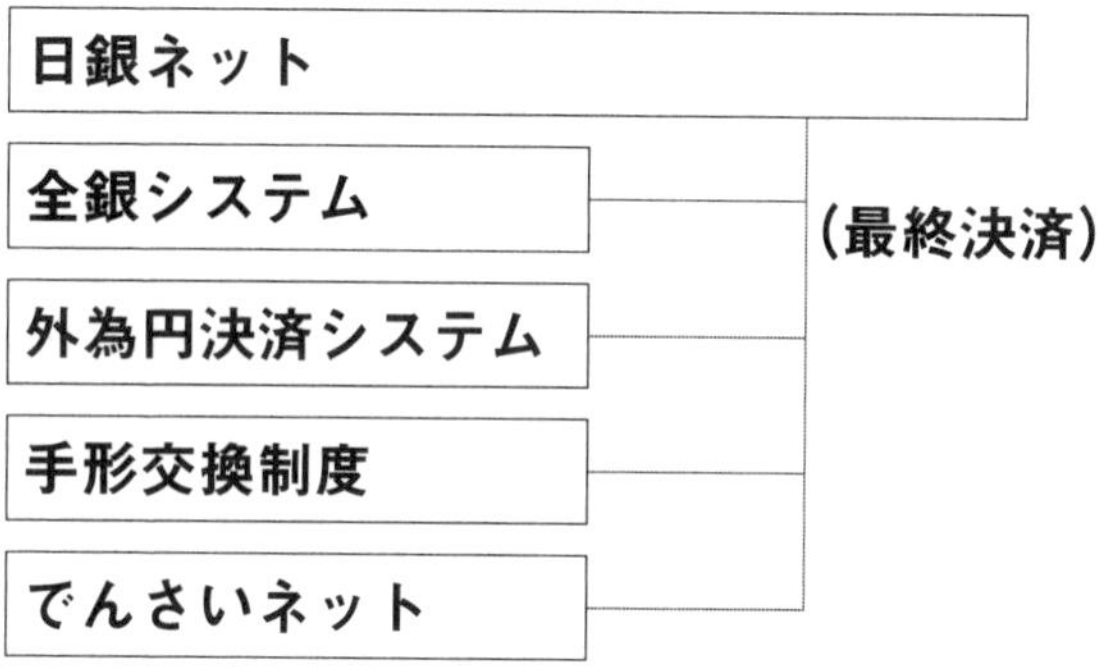

（出所）筆者作成

日銀ネットには資金決済システムの「**当預（当座預金）系システム**」と、証券（国債）決済システムの「**国債系システム**」（詳細後述）の二つがある。他に「**担保系システム**」などがある。

「**当預系システム**」では、銀行などの金融機関[7]が開設している**当座預金（日銀当預）**の口座間の資金振替（内部振替）によって決済を行う。

対象取引は、金融市場取引や国債取引にかかわる資金決済や、全銀システム・外為円決済システム・手形交換などの資金決済システム（集中決済制度）にかかわる**最終資金決済**である。電子化前は引出し用の「**日銀小切手**」（紙）と振替先指示用の「**振替依頼書**」（紙）[8]をセットにして持ち込んで決済を行っていた。

---

(7) 都銀、地銀、第二地銀、信託、外銀、信金、生損保等が開設している。生損保等は国債取引のため。

(8) 現在でも、コンティンジェンシープラン（緊急事態対応）の時には、日銀小切手などの“紙”で行う。ほぼすべての決済システムは、年1回コンティンジェンシー対応の予行演習を行っている。

現在の稼働時間は**8時半**から**21時**である。2001年にRTGS化したが、CLS銀行（詳細後述）対応のため17時から2時間延長した。当時は、この2時間は、基本的には「**CLS決済**」専用なので、希望する先（**延長対象先**[9]）のみが対象となった。希望しない先は今まで通り17時に終了し、CLS銀行の決済に参加していないほとんどの銀行の業務への影響はなかった。その後、2016年に**新日銀ネット**の機能の一環として現在の稼働時間とした（詳細後述）。

中央銀行RTGS決済に必須である日中の流動性供給は「**日中当座貸越**」（**日中OD**[10]）を供与する。一般的な先進国の日中流動性供給と同じく「**無料・有担**」で、金利は徴求されないが〝**担保**〟が必要である。担保の金額の範囲内で利用できる。国債、国庫短期証券、地方債、社債、資産担保債券、手形、CP、証書貸付債権などが〝**適格担保**〟とされている。

①**次世代RTGS**

「**次世代RTGS**[11]」とは、2006年2月にスタートした日銀ネットの高度化と、民間決済システムで決済されていた大口決済を日銀ネットに一元化するという二つのプロジェクトであった。日銀による業務を進めるうえでの名称は、前者が「**プロジェクトA**」で後者を「**プロジェクトB**」とした。

---

(9) CLS銀行参加行。

(10) Overdraft

(11) 「次世代」とは、当時としては、という状況であった。英語では**Next Generation**、**NG**とも。

（プロジェクトA）欧米の中央銀行決済システムも同様の機能を持つが、**待ち行列（キュー：Queue）**[12]**機能**の構築、**流動性節約**[13]**（オフセッティング：Off-Setting）機能**（詳細後述）の導入、流動性節約機能のための**専用口座（LSF**[14]**口座＝当座預金（同時決済口））**の構築というものであった。2008年11月に導入された。

（プロジェクトB）「**外為円決済システム**」の「**時点ネット決済（モード）**」（後述）は廃止され、すべての取引が日銀ネットLSF口座で決済されるようになった。また「RTGS決済（モード）」は引続き使用でき、即時決済される当座勘定（通常口）で決済されるが、従来通りCLS決済等に使われる[15]。

「**全銀システム**」（**内為取引**）では**大口（1件1億円以上）**の国内振込（内為取引）は、こちらも全件、外為円決済同様にLSF口座で**即時決済**される。1億円未満の取引は従来通り全銀システムで決済される。ともに2011年11月に導入された。

②新日銀ネット[16]

日銀ネットのシステムは**1988年**の稼働以来、同じシステム基盤を使用してきた。

---

(12) バス停などの待ち行列のこと。

(13) 決済システムにとって、いかに流動性を少なくして、いかに早く支払指図を決済させるかということのシステム（アルゴリズム）が、決済の分野の最先端の研究である。アトランタ連銀が先行研究で最も進んでいる。

(14) Liquidity-Saving Features。正式な名称も「LSF口座」である。

(15) 今まで通り、支払指図を1件1件即時決済（RTGS）する「通常口」と、支払指図の差額を（ネット決済と同じような仕組みで）決済する「LSF口座」の二つがある。

しかし、最近の著しいＩＴ（情報技術）の進歩により、**システム基盤**を一新するとともに、同時に**機能**の改善を行った。

将来のシステム改修コストの増加を抑制するため、データベース、プログラム言語、処理方式もすべて刷新され、再構築された。プログラム言語は**ＰＬ／１**[17]から**Java**[18]に変更した。システム容量は約10倍にした。

国際標準コード体系**ＩＳＯ２００２２／ＸＭＬ**[19]を採用し、稼働時間の大幅な拡大が可能となるシステム基盤が整備され、将来的な日本の決済市場[20]、および金融機関の国際競争力強化にも資する構造とした。今までの日銀ネットにおける**バッチ（Batch）処理**は全面的に廃止され、**全面リアル処理**となった。また、２０１８年5月に実施した「**国債決済期間短縮化**」（Ｔ＋１化）に先行で取り組む形になった。日本銀行においても大きいプロジェクトで、第1段階開発分、第2段階開発分、そして稼働時間拡大の三つに分けて実施された。

（**第1段階開発**）国債系オペ等の受渡関連業務の変更により、新たに構築したシステムで、２０１４年1月6日にリリースされた。

（**第2段階開発**）国際標準書式ＩＳＯ２００２２／ＸＭＬ対応、稼働時間拡大対応、先日付入力等の決済業務の変更で、当預系を始めとするコア部分のシステ

---

(16) メインのシステムは東京都府中市にある。バックアップセンターは大阪にある。

(17) ピー・エル・ワンと読む。1964年にIBMが開発した。名前は英語の「Programming language One」に由来する。多くの銀行が今も使用している。

(18) ジャバ、あるいはジャヴァと読む。1995年にサン・マイクロシステムズ（現オラクル）のグループが開発した。頭の一文字Jのみが大文字の「Java」が正式である。Java の名前は略語ではなく、サン・マイクロシステムズのキム・ポレーゼ氏（女性）がインドネシアのジャワ島から名付けたといわれている。

(19) Extensible Markup Language

ムが、２０１５年10月にリリースされた。オンライン入力開始時刻を**8時30分**とし、同オンライン入力締切時刻を**19時**とした。日銀ネットを利用するすべての銀行が、日銀ネットの利用にかかる事務処理に対応する時間帯「**コアタイム**」（Core Time）[21]を設け、コアタイムは当座預金決済のうち外国為替円決済にかかるものを除いて、**9時**から**17時**までとし、当座預金決済のうち外国為替円決済については9時から15時までとした。

（**稼働時間拡大**）新日銀ネットの**稼働時間拡大**（21時まで）は２０１６年２月に実施し、当預系は8時30分～21時となった。稼働時間も10時間30分から12時間30分[22]に拡大した。証券系も同様である。新日銀ネットにおける稼働時間拡大後は、海外の主要決済システムとの〝**同時**〟**稼働時間**は日本時間で**15時**から**21時**の６時間となる。

(2) 全銀システム[23]

「**全銀システム**」（**全国銀行データ通信システム**）は、国内における振込取引（内国為替）およびこれに伴う銀行間の資金決済を行う決済システムで、この仕組み（制度）を「**全国銀行内国為替制度**」という。組織としては「**全国銀行資金決済ネット**

(20) 新日銀ネットの稼働開始時点では、金融機関等の意見を幅広く確認しSWIFTNetを新日銀ネットの通信ネットワークとして採用しないと公表した。

(21) 「フレキシブルタイム」の反対語。

(22) 米国の中央銀行の決済システムの稼働時間は21時間半、欧州は22時間半となっている。

(23) 全銀ネットと全銀システムで混同する方も多いが、全国銀行資金決済ネットワーク（「全銀ネット」）が運営しているのが「全銀システム」である。

ワーク[24]」（**全銀ネット**）が運営している。全銀システムは、1973年に発足し、その後の内国為替業務の発展や参加銀行の拡大を経て、日本のほとんど全ての**民間金融機関**が参加している。

全銀ネットは資金決済法に基づき「**資金清算機関**」（CCP[25]）として、日本で唯一〝免許〟を受けている。

振込等の銀行から送られてきた為替取引に関する支払指図は全銀システムの**コンピューターセンター**（**全銀センター**[26]）でリアルタイム処理され、直ちに受取人の取引銀行宛に送信される。これと同時に、全銀システムでは、銀行からの支払指図を集中計算したうえで、銀行ごとに算出した〝**受払差額**〟（決済尻）を1日の業務終了後に日本銀行に対してオンラインで送信する。日本銀行では、全銀システムからの送信内容に基づいて各銀行と全銀ネットとの間で日本銀行当座預金の入金または引落を行い、これにより最終的な銀行間の決済が完了する。

全銀システムは、①各銀行の**当日即時決済**（受取人口座への**即時入金**）や、②送金実行時の**受取人口座自動確認**など、ここまで対顧客で即時決済の決済システムはまさに〝世界最高峰のレベル〟である。特に受取人口座確認機能は、双方向性のネットワークになっており、名前まで確認できる。この機能のために、顧客の振込のトラブルは激減した。全銀システムは、1日平均、約650万件、12兆円余りが決済される。

(24) 社団法人東京銀行協会によって運営されてきた内国為替運営機構（1973年発足）を「資金決済法」に基づき組織化したもの。

(25) Central Counter Party

(26) 全銀センターは東京都江戸川区西葛西と大阪にある。

稼働時間は**8時30分**から**15時30分**となっている。また、月末日は、通例、決済件数が多いので、前後1時間延長して7時30分から16時30分となる。[27]

決済リスク管理策としては、**仕向超過限度額管理制度**、**担保・保証の差入れ**、**ロスシェア・ルール**、**流動性供給スキーム**等があり、最大の債務額を有する**上位2行**が同時に破綻しても全体の決済を完了できるという「**ランファルシー+**[28]（Lamfalussy Plus）」の**BIS基準**を達成している。

※銀行間手数料

全銀システムが1973年に稼働開始してから約50年であるが、公正取引委員会が半世紀不変を問題視したことをきっかけに、銀行間の振込手数料を**引下げる**ことになった。全銀システムを通して振込むときに、仕向け銀行から被仕向け銀行に「銀行間手数料」を払う。**3万円未満**は**117円**、**3万円以上**は**162円**であったが2021年10月をめどに一律**62円**にした。1件当たりの処理コストは**約44円**である。振込を依頼している**新型決済インフラ**勢には追い風であるが、**銀行**にとってみると収益減となる。

---

(27) 締切時間は、全銀システムの決済状況によって、柔軟に延長される。

(28) 当時のBISの総支配人であったランファルシー（Alexandre Lamfalussy）の名前を冠した。G10諸国中央銀行によるインターバンク・ネッティング・スキーム。検討委員会（Interbank Netting Scheme Committee）の報告書を、「ランファルシー報告書」ともいう。

※第6次全銀システム

全銀システムは、取引量の拡大やセキュリティの向上などのため、〝**8年ごと**[29]〟に順次、システムのレベルアップを進めている。第6次全銀システムは2011年11月より稼働した。

第6次全銀システムでは「1億円」以上の振込取引を「**日銀ネットのLSF口座**[30]」で決済することにより、決済システムの国際基準に対してより高いレベルで対応することになった。また、処理性能の向上や、ISO20022／XML[31]言語による電文交換を可能にするなど、将来的な業務拡張に備えてシステムの柔軟性を向上させた。**1件1億円未満**の小口内為取引は、従来通り1日1回のネット決済システムとなっている。

「**モアタイムシステム**[32]」（More Time System）は、全銀システムの未稼働時間をカバーするための「第2全銀システム」といえるもので、2018年10月に稼働した。この決済システムが、全銀システムが稼働していない「15時30分から翌朝8時30分まで」の支払指図を処理する。最終決済は、翌日の全銀システムの最終決済に合算して行う。24時間365日支払が可能にはなるが、個別行の負担は大きく、参加は任意である。モアタイムシステムであるが、そもそもは第7次全銀システムの機能で、約1年前の先行リリースであった。

---

(29) この〝8年〟に特段の理由はない。

(30) Liquidity Saving Features（流動性節約機能）。

(31) Extensible Markup Language

(32) 全銀協の検討の中で、コアタイム（Core Time）に対する言葉としてモアタイム（More Time）という単語を作った。和製英語である。日本銀行は「新プラットフォーム」といういい方をする。

図表7－3　モアタイムシステムと全銀システム

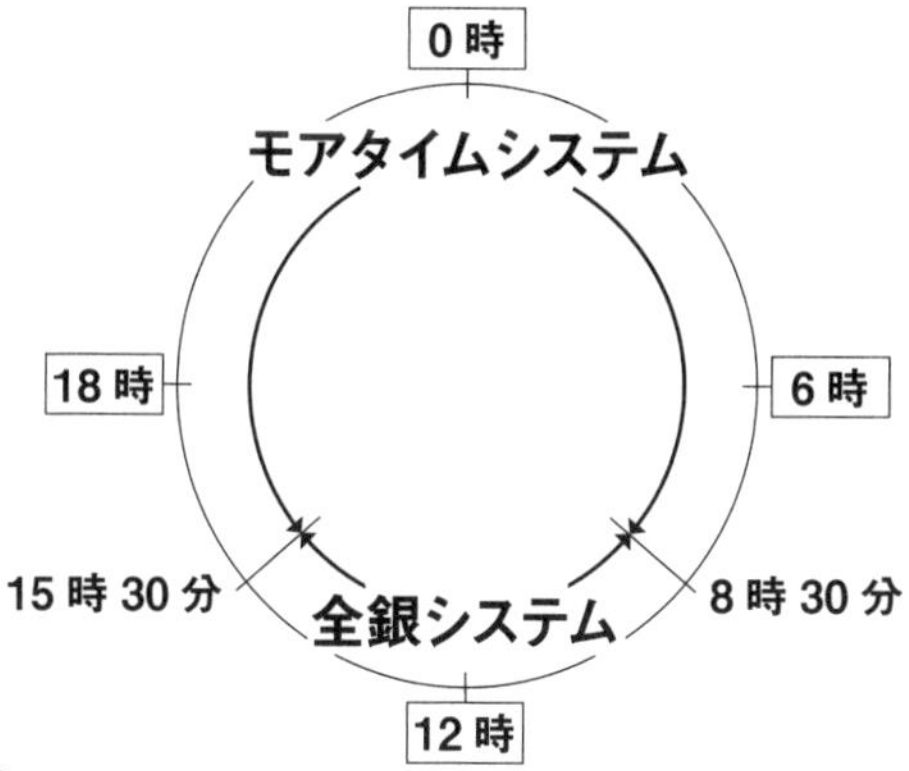

（出所）筆者作成

※第7次全銀システム

２０１９年11月に稼働した現在のシステムである。今回は、銀行業界を取り巻く環境もあり、前述した様に機能的にはニーズのない無駄な開発は極力抑え、ハードの更改がメインであった。

※第8次全銀システム

全銀システムは8年ごとに更改されるので、次回（第8次）は**２０２７年11月**リリース予定であったが、２０２３年10月のトラブルにより、約半年延期となり**２０２８年5月**リリース予定となった。接続部分のＡＰＩ(33)ゲートウェイも、含め、現在、開発終盤となっている。

(33) Application Programming Interface

※ZEDI

全銀EDIシステム（**Zengin EDI**[34] **system**：愛称：**ZEDI**（ゼディ））とは、企業間の振込電文に〝**EDI情報**〟（支払通知番号・請求書番号など）が添付可能になる機能で、2018年12月に稼働した。それまでEDI情報は、固定長形式で**20桁**（文字）までと制限されていた。ZEDIの稼働開始により、給与振込など総合振込のデータ形式が**固定長形式**から**XML形式**に変わり、多くの情報を自由に設定できるようになった。**入金消込業務**の効率化など、企業における資金決済事務の合理化に資する。

※ATM[35]**ネットワーク**

日本では、**民間最終消費支出**における決済では、**約6割**は**現金**といわれている。そのため、**ATM**は非常に重要な役割を果たしている。しかし、その運営コスト（管理費用）は1台当たり約30万円／月で、業界全体で**約2兆円**／**年**といわれ、銀行業界全体の経営的な課題である。

ATMは国内で**約18万台**とされる。日本の成人10万人当たりのATM台数は**約130台**で、世界ランキングでは韓国（300台弱）、カナダ、米国、英国などに続き、7位となっている。

(34) Electronic Data Interchange

(35) Automatic Teller Machine

ＡＴＭの設置台数は、メガバンクが約３万台弱、地銀が約５万台弱、信金等が約３万台弱、ゆうちょ銀行が約３万台弱、コンビニ（流通系）ＡＴＭは約５万５千台を超えている。メガバンクは削減、ゆうちょ銀行は維持、流通系銀行は拡大傾向、ネット系銀行はそもそも持っていない。**イーネット（ファミリーマート）・ローソン銀行・セブン銀行**が主たる「**コンビニＡＴＭ**㊱」である。逆に、**地銀約20行**がＡＴＭ業務をセブン銀行に委託しており、その数は増加傾向である。

銀行顧客は、**ＣＤ（現金自動支払機）**㊲や**ＡＴＭ（現金自動預払機）**で、現金の引出し等を行うが、当初は同じ〝**業態別ネットワーク**〟内だけしか現金の引出しができなかった。都市銀行間を接続するＣＤ／ＡＴＭの**相互接続ネットワークＢＡＮＣＳ**は、１９８４年から稼働開始した。

ＭＩＣＳ（全国キャッシュサービス）は、民間金融機関（９業態）相互間のＣＤ・ＡＴＭオンライン提携ネットワークで、１９９０年に稼働した〈図表７－４〉。

これにより、銀行等のキャッシュカードで提携している**全国**のＭＩＣＳ加盟金融機関のＣＤ・ＡＴＭを利用して、現金の引出し、残高照会、振込時の受取人の口座確認等ができることになった。全銀協はＭＩＣＳの運営事務を受託している。また、図表７－４にあるように業態内のオンライン提携ネットワーク網であるＢＡＮＣＳ、ＳＯＣＳおよびＬＯＮＧＳの運営事務も受託している。業態別責任制があり、損失がでた

㊱ 日立オムロンターミナルソリューションズ、沖電気工業、富士通フロンテックが御三家。ＮＥＣはセブン銀行に納入している。現在、通常のＡＴＭは約３百万円、セブン銀行向けは約百万円といわれている。

㊲ Cash Dispenser。最近ではあまり見なくなった。

図表7－4 MICS内のATMネットワーク

1	都市銀行	都銀キャッシュサービス	BANCS	Bank Cash Service
2	地方銀行	全国カードサービス	ACS	All Japan Card Service
3	信託銀行	信託銀行オンラインキャッシュサービス	SOCS	Shintaku Online Cash Service
4	新生銀行 あおぞら銀行 商工中金	長信銀・商中キャッシュサービス	LONGS	LONG term credit banks System
5	第二地方銀行	第二地銀協キャッシュサービス	SCS	Sougin Cash Service
6	信用金庫	しんきんネットキャッシュサービス		
7	信用組合	しんくみネットキャッシュサービス	SANCS	Shinkumi All Net Cash Service
8	労働金庫	全国労金オンラインキャッシュサービス	ROCS	Roukin Online Cash Service
9	JAバンク JFマリンバンク	全国農協貯金ネットサービス 全国漁協貯金ネットサービス		

（出所）筆者作成

場合、業態内で対応する。業態を越えている場合、資金の回収に１日多くかかる。

※ＡＰＮ

アジアン・ペイメント・ネットワーク（ＡＰＮ）は、新しいリテール決済ネットワークを目指し、２００６年にＡＳＥＡＮ主要国（シンガポール・マレーシア・インドネシア・タイ）の中央銀行主導により設立された団体[38]で、アジア域内のＡＴＭ相互接続ネットワークなど、各国間におけるリテール決済分野の新たな仕組みの検討・提供を行い、日本ではＮＴＴデータが参加していた。

※プロジェクト・ネクサス

プロジェクト・ネクサス（Project Nexus）[39]は、国際決済銀行（ＢＩＳ）が各国の即時決済システムを連携させ、国境を越えた即時決済を可能にするもの。２０２１年に構想が発表された。シンガポール、インド、マレーシア、フィリピン、タイなど5カ国の即時決済システムの相互接続に取り組んでいる。

(3)　外為円決済システム

「外為円決済システム」（外国為替円決済制度：ＦＸＹＣＳ）[40]は、「外国為替関係の

(38) 筆者も依頼があり委員として参加していた。

(39) Nexus とは、つながりや結びつきの意味。

(40) Foreign Exchange Yen Clearing System

円資金[41]」の決済を集中的に行うためのシステムである。

この制度は、**1980年**に**東京銀行協会**（現、**全国銀行協会**）を運営主体に、外為の支払指図を**東京手形交換所**で交換していたが、1989年からは支払指図の交換や決済の〝システム〟を日本銀行に委託[42]し、日銀ネットを利用したオンライン処理に移行した。

その後、**1998年**には、決済リスク管理を強化し、支払指図1件ごとに決済する**RTGSモード**を新設した。2002年には、CLS銀行が本制度に参加し、RTGSモードを使用し、世界的なCLS決済（多通貨同時決済）を実施している。

また、**2008年**には、それまでの時点ネット決済方式を、日本銀行の当座預金決済を利用した「**次世代RTGS**」（**流動性節約機能付**[43]）に全面的に移行（移管）し転送する形になった。時点ネット決済方式やこれに伴う担保・流動性供給スキームを廃止した。この変更により、外為円決済システムは、決済システムというよりは、決済ネットワークとなった。

(4) 手形交換制度

「**手形交換制度**[44]」（**Clearing House System**）とは、金融機関が他行に取り立てる手形や小切手などを1カ所[45]に持ち寄って交換し、持出し手形と持帰り手形の差額を集中

---

41 日本もかつては新興国で「対外取引原則禁止」の立場であり、その外為管理をするために別の決済システムとしていた。1998年までは「外為法」は外国為替及び外国貿易管理法であった。

42 日本銀行の意向もあった。

43 ドイツのRTGSPlusを参考にした。

44 逆為替：手形・小切手・電子記録債権が、資金と〝逆〟の流れとなることから。また、順為替とは「逆為替」に対する用語で「並為替」ともいう。

45 正確には「手形交換所」のこと。この手形・小切手の制度を悪用した犯罪の映画が『キャッチ・ミー・イ

的に決済する制度である。決済された総額を「**手形交換高**」といい、相殺された差額を「**交換尻**」という。金融機関は交換尻（金額）を日本銀行の本支店の口座、または**交換所の幹事銀行**で決済する。

この手形交換の制度が、ペーパーレスになり（電子化され）「**決済システム**」の〝基本型〟となっている。資金決済システムの場合は手形が支払指図に代わる。

我が国における手形交換所は、**１８７９年（明治12年）**に**大阪**に開設されたのが最初で、**１８８７年（明治20年）**には**東京**にも開設されている。

手形交換業務は**ＭＩＣＲ**[46]**（磁気インク文字認識）**文字を読み取り、仕分けする機械処理を行っている。また、手形交換所は、手形等の健全な利用を確保するため、6カ月間に**2回**、手形・小切手の**不払（不渡）**を起こした者について、その後**2年間**、参加銀行との当座預金取引や貸出取引を禁止する「**取引停止処分制度**[47]」を運営している。

※手形の電子化

金融における電子化として、日本でも有価証券の**無券面化**が行われてきた。2003年に〝**国債**〟、2009年に〝**株式**〟が行われた。〝**手形**〟については、〝**(紙としての) 手形**〟の存在が手形法のベースとなっていること、また、手形法は貿易で手形 (Draft) が使われているなどから「**国際法**」でもあり、日本だけでは変更できない。

フ・ユー・キャン』（2002年）である。

(46) Magnetic Ink Character Recognition

(47) 事実上の倒産。

そのため、株式のような単純な電子化（無券面化）はできず、２００８年に上乗せする形で「**電子記録債権法**」が施行された。

※電子交換所

その後、全国銀行協会は、顧客の手形・小切手は残しながら、**イメージデータ**の送受信によって交換業務を完結できる全国で一つの「**電子交換所**」が、２０２２年11月に設立・稼働した。これに伴い、１７９カ所の**手形交換所**は廃止された。

(5) 電子債権記録機関

「**電子記録債権**」は実質的に〝手形の電子化〟ともいえるものである。手形取引はそもそも「紙媒体」を必要としていたが、電子化により、取引・管理・保管の効率化・コスト削減等のメリットがある。

「電子記録債権」は、「電子債権記録機関」（語順注意）への電子記録を要件とする、既存の手形債権や指名債権とは異なる〝**新しい金融債権**〟である。

金融債権を活用した事業者の資金調達の手法としては、取引関係にある企業相互間での売掛債権や振出された手形の譲渡・質入がある。しかし、以前の売掛債権の譲渡・質入については、対象となる債権の存在や帰属の確認によって手間とコストを要

図表7－5　日本の電子債権記録機関

指定年	電子債権記録機関名	設立機関
2009年	日本電子債権機構㈱	三菱UFJ銀行
2010年	SMBC電子債権記録㈱	三井住友銀行
2010年	みずほ電子債権記録㈱	みずほ銀行
2013年	㈱全銀電子債権ネットワーク	全国銀行協会
2016年	Tranzax電子債権㈱	Tranzax㈱

（出所）金融庁ホームページ

するうえ、二重譲渡リスクなどの問題があった。

電子記録債権制度は、新たな金融債権を創設し、取引の安全性・流動性を確保することにより、上記のような手形のデメリットを解消し、企業の資金調達の円滑化を図ろうとするものである。

電子記録債権法の施行（2008年）により、電子記録債権制度が導入されたことを受け、複数の電子債権記録機関〈図表7－5〉が設立されている。従来の手形と同様に、譲渡や割引ができるほか、〝分割譲渡〟することも可能である。

「**全銀電子債権ネットワーク**」は、全国銀行協会が運営する電子債権記録機関であり、略称は「**でんさいネット**」である。メガバンクではそれぞれ、独自に電子債権記録機関を設立して、電子記録債権サービスを提供している。

⑹ CMS・TMS

「CMS」（**キャッシュ・マネジメント・システム**[48]）とは、グループ経営を行う企業体などで、グループ全体の現金（資金）や流動資産を一元的に管理し、グループ各社（支店）で生じる「資金」の過不足を調整し、効率的な資金利用を図るシステム（サービス）のことである。

CMSは企業グループの親会社もしくは財務統括会社が導入することが多い。このとき、親会社・財務統括会社は**〝グループ内銀行〟**の役割を果たす。

各グループごとの資金管理担当者の配置が必要なくなるとともに、プールされた資金を設備投資や運転資金として必要な会社に優先的に振り分けることによって、都度の資金調達が不必要になり、余剰資金を減少、借入金息を削減することができる。また、グループ内の債権・債務を相殺することにより決済手数料の削減等も可能となる。

CMSの代表的な機能としては、プーリング（資金融通）、ネッティング、支払代行が挙げられる。そのほかに、残高照会・口座振替・送金指示などのファームバンキング機能や、資金回収、売掛金消込み、資金繰り管理（キャッシュフロー予測）などもある。

最近では、企業とクリアリングバンク（決済銀行）の国際化に伴い、**GCMS**（グ

(48) Cash Management System

ローバル・キャッシュ・マネジメント・システム）としてＣＭＳの機能・サービスもクロスボーダーになってきている。特に新興国では、地場ネットワーク・地場決済へのアクセス、ローカルＣＭＳ、給与振込、関税支払サービスなどきめの細かいサービスも必要となる。

「ＴＭＳ」（トレジャリー・マネジメント・システム）とは、ＣＭＳからさらに進んで、財務管理まで対応するシステムのことである。決済関連機能に加え、預金・借入金の管理（見える化）、ＦＸ・デリバティブ取引管理、調達管理、グループ取引管理、内部統制といった財務のほとんどのエリアまで対応する。さらにマルチバンク・アクセス（国内外の複数の銀行との接続）により、海外子会社を含めたグループ全体の財務取引と管理を実現する。

第8章

Introduction of
Settlement Infrastructure

海外系決済

本章では「**外国為替**」（**外為**：Foreign Exchange：**FX**[1]）の基本的な決済の**仕組み**と、外為を支える**海外**、すなわち**米国**、**欧州**、**中国**、そして**アジア**における主要な**決済システム**[2]を解説する。

各国の決済システムの〝構成〟には一定の基本がある。「**中央銀行**」（Central Bank）が運営する決済システムを、**決済ヒエラルキー**のトップとして、さらに**民間の決済システム**が存在している。決済システムは「**大口決済**」と「**小口決済**」の決済システムとに分かれていることが多い。またどの国でも「**手形・小切手**」の決済システムが存在していた。さらに、各国の歴史や習慣によって特徴を持っている。

特に、最近では、中央銀行を最終とした決済ヒエラルキーの**中央銀行・民間決済システム・銀行**の部分までの**決済改革**はほぼ終了し、現在はリテールの「**新型決済インフラ**」（サービス）の部分の改革が重点になっている。

外国為替

基本的に〝**通貨**[3]〟は〝**国**〟とリンクしており、海外との**商取引**（**貿易**）や**金融取引**では、自国の通貨と取引相手の国の通貨とを交換する必要がある。

「**貿易**」（Trade）においては、**現金**を直接輸送することなく、**為替手形**（Draft）[4]

---

(1) 最近では「FX」というと「外国為替証拠金取引」を指し示すものとなっている。怪しいSNSでの無許可業者の広告も多く、注意が必要である。

(2) 銀行間の決済インフラ。

(3) 法的通用性のある貨幣が「通貨」である。その国の通貨当局が発行する。わざわざ中央銀行〜などという必要はない。

(4) 手形制度を支える「手形法」は、世界共通の「国際法」である。日本の手形法で無券面化させることができない理由でもある。

や**送金小切手**（Check）を送付したり、**電信送金**（Remittance）などをしたりして決済する。これらの〝仕組み〟を全体として、**外国為替**（**外為**）という。

特に、貿易では銀行間の国際ルールとして、一定の条件（**信用状条件**）が満たされた場合に、それに明記された書類と引換えに輸出者に対して〝輸入代金を支払うことを確約〟する書類（**支払確認書**）である「**信用状**」（**L／C：Letter of Credit**）(5)や**手形**を使用して決済する。(6)また、モノの貿易以外の、おカネ、すなわち**金融取引**などの外国為替もある。

しかし、どのような仕組みであったとしても、**通貨の交換**は必須であり、二つの通貨の交換自体も外国為替という。最終的には（銀行が合算し、受払の差額を計算し）、銀行が**インターバンク為替市場**(7)において**カバー**(8)する。また、銀行自体が収益を目的として**通貨の売買取引**（**ディーリング**）も行う。その後、それぞれの**通貨の決済システム**(9)、たとえばドル円取引の場合、ドルと円のそれぞれの国（米国と日本）の決済システムにおいて「受取と支払」の決済を行う。基本的には、その国の国内の決済システムを使用して行う(10)。国によっては歴史的に外国為替専用の決済システムが存在する国もある。また、企業・個人の**外為取引**は一般的に銀行と取引をする。

銀行も決済量が少ない国の**通貨**(11)の場合、**決済システム**に参加せず、その国の銀行に「**委託**」（**代行**）することが一般的である。その委託関係（契約）を「**コルレス契約**(12)」、

(5) Ｌ／Ｃ取引における国際的取引ルールには「ＩＣＣ（International Chamber of Commerce）：荷為替信用状に関する統一規則及び慣例」（ICC UCP600）がある。ＵＣＰ６００は２００７年に改定された。前版はＵＣＰ５００。

(6) 信用状を使わない貿易決済もある。ＤＰ／ＤＡなど。

(7) Interbank：銀行などの金融機関しか参加できないプロ向け市場のこと。筆者も業務でDealerをやっていた。取引単位は、一般的に大きく10本（1本は１００万ドル）ぐらいからであった。

(8) 過不足を調整。

(9) ここでは資金決済システムのこと。

その相手を「**コルレス銀行**」（**コルレス先**）といい決済の代行を依頼する。コルレス銀行で**預金**（**Deposit**）を開設している銀行を、特に「**デポ・コルレス銀行**」（**デポ先**）という。一方、預金を開設していない銀行を「**ノンデポ・コルレス銀行**」という。現在では、基本的にデポ・コルレス銀行を通じて決済を行う。もちろん、デポ・コルレス銀行内に送金先の銀行口座も開設されている場合には、外部である決済システムに出す必要がなく、内部振替が行われる。

最近の外国為替業務では「**マネーロンダリング**[13]」対策（**ＡＭＬ：Anti-Money Laundering**）などの対応が、法的な重要課題であり、経営的負担が非常に大きい。顧客はもちろんのこと、デポ・コルレス銀行についても、「**ＫＹＣ**」（**Know Your Customer：顧客確認**）の観点でチェックしなければならない。

コラム 9 ―― Correspondent Bank（コルレス銀行）

かつては、コルレス契約やデポ・コルレス銀行数が多いほうが、海外決済の優位性を示した。現在では特に現、**三菱ＵＦＪ銀行**が多いが、これは貿易金融のための特殊銀行「**横浜正金銀行**」

---

(10) 例外がＥＵの通貨ユーロ。ユーロ導入国は足元20カ国。また、ＥＵ加盟国は27カ国である。

(11) 有価証券の場合は、カストディアン（Custodian：常代業務）といい、金融機関・投資家に代わって管理を行う。

(12) Correspondent Arrangement。コルレス契約に基づく送金やこの貿易（信用状）などの外国為替の仕組みも、11世紀末～13世紀のイタリアでできたもので、基本的な仕組みの変更はない。そのころ欧州では〝十字軍〟が起こっており、遠距離送金を安全に行う仕組みであった。また欧州は地中海も含め貿易が活発に行われていた。Correspondentとは「特派員」・「代理人」のこと。

（よこはましょうきんぎんこう：Yokohama Specie Bank）が転換した外国為替専門銀行「**東京銀行**」を継承しているためである。当時、政府紙幣が大量発行され、「**正金**」（本位通貨：現金、銀貨）と二重為替相場が立ち、政府紙幣の相場は下落を続けた。正金は信用の拠り所であり、正金を使って決済していた。ちなみに、三菱ＵＦＪ銀行のＳＷＩＦＴコードは、東京銀行が世界中に知れ渡っていたため変更せず、今でも「三菱ＵＦＪ銀行」でありながら、「東京銀行」の「**BOTKJPJT**」を使っている。

海外中央銀行の決済

日本銀行などの中央銀行は、他の中央銀行等の口座を開設しているが、これは日銀の〝**当座預金**〟ではない。日本銀行における勘定科目としては、外国の中央銀行の勘定は「**中央銀行預り金**」、そして国際機関の場合は「**国際機関預り金**」である。

中央銀行預り金は、各国の「**外貨準備預金**」（Foreign Exchange Reserves）であり、「**為替介入**」（Foreign Exchange Intervention）時の資金受払などで行う。外貨準備については、どの国でも預かり金とする当該国の**国債**を購入し利息の収入を得ることが多い。

---

(13) 主管である警察庁では「マネー・ローンダリング」、金融庁では「マネーローンダリング」、財務省と外務省は資金洗浄「マネーロンダリング」、日本銀行は「マネー・ロンダリング」という表現を使い、用語の統一ができていない。本書では一般的な表現であるマネーロンダリングを使う。

図表8－1　海外送金の基本的な仕組み

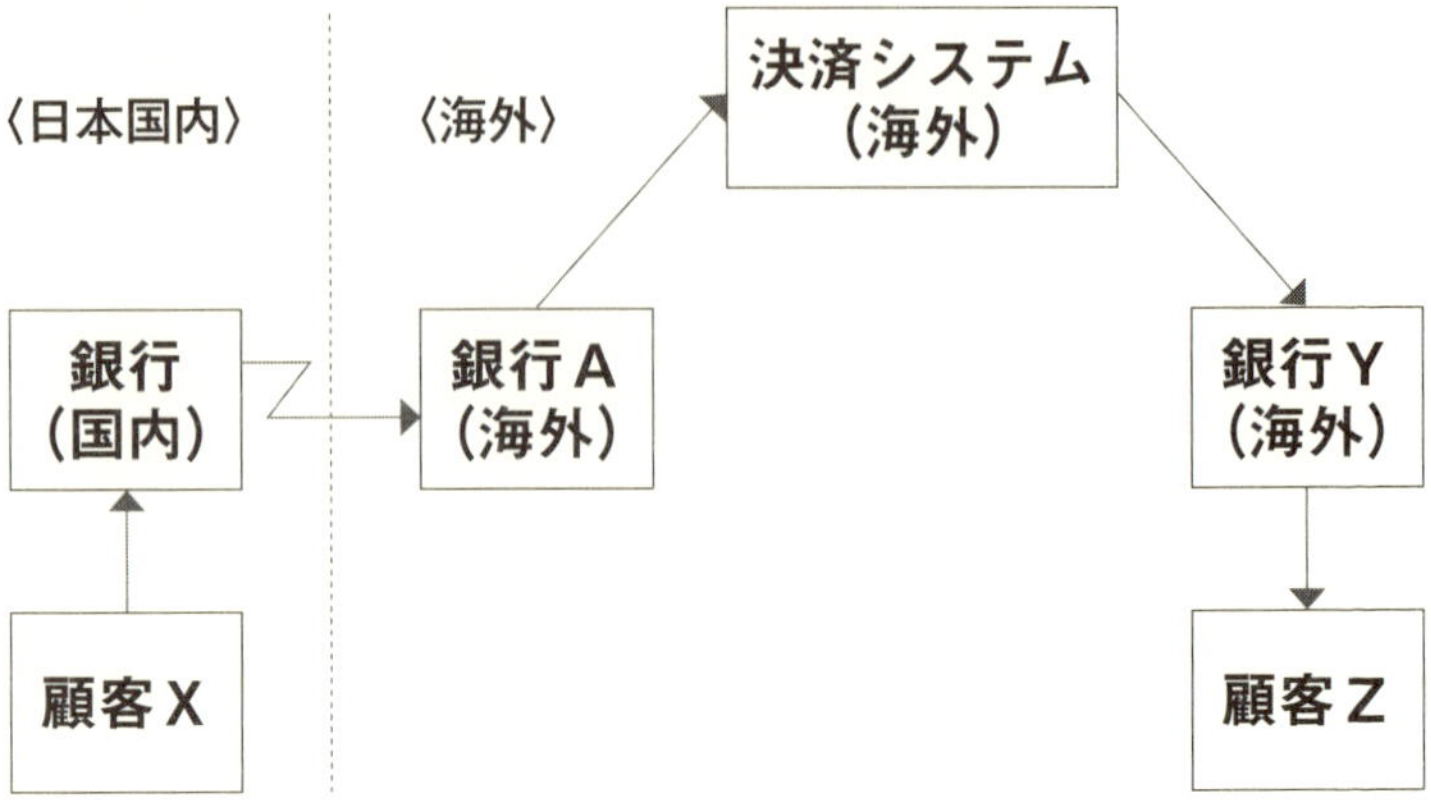

（出所）筆者作成

また日本でいう「**政府預金**」（Government Deposits）とは、日本銀行に預けられた日本政府（国）の預金口座（無利息）である。

小口リアルタイム化

中央銀行や民間の決済システムは銀行間の決済インフラである。決済システムが「小口決済の**即時化**」を進めており、その決済を欧州では**インスタントペイメント**(14)・英では**ファスターペイメント**(15)などという。日本では**全銀システム**がすでに即時化している。

(14) Instant Payment
(15) Faster Payment

1　米国

基軸通貨米ドルの資金決済システムの構成は、中央銀行FRS[16]の決済システム：Fedwireと、民間銀行による外国為替（クロスボーダー）を主とした決済システム：CHIPS[17]、そして小口の決済システムACH[18]が存在している。

(1) Fedwire

Fedwire（フェドワイヤー[19]）は、米国の中央銀行である「**連邦準備制度**」（FRS）が運営する米国ドルの決済システムである。1987年に稼働した。米国の大口決済システムは、FedwireとCHIPS（後述）の二つがある。Fedwireは中央銀行が運営する決済システムであり、ほとんどの米銀や外銀が参加し、主として国内での取引に関する決済を行っている。一方、CHIPSは民間が運営する決済システムであり、大手の米銀や外銀が参加し、主として外為取引などに関する決済[20]が行われている。

Fedwireは、**日銀ネット**と同様に、**資金**と**証券**の二つの決済サービスを行っている。主として大口の資金決済を行うサービスで、「**Fedwire 資金決済サービス**」（Fedwire Funds Service）と、国債や連邦機関債などの証券決済を証券口座間の振替によって

(16) Federal Reserve System

(17) 以前の日本の「外為円決済システム」や、中国の「CIPS」（クロスボーダー人民元決済システム）など。CHIPSと略称がにているので、（ママ）

(18) Automated Clearing House、地場決済（ローカルクリアリング：Local Clearing）ともいう。

(19) 日本の日銀ネットに当たる。

(20) Federal Reserve Wire Network

行うサービス「**Fedwire 証券決済サービス**」（Fedwire Securities Services）である。

Fedwire 資金決済サービスにおいては、米国の銀行がＦＲＢに開設している当座預金口座間の資金振替によって、米ドルの資金決済を行う。Fedwire は**ＲＴＧＳ（Real Time Gross Settlement：即時グロス決済）システム**であり、支払指図は1件ごとに**グロス金額**で決済される。Fedwire における資金振替は米ドルのファイナリティ（決済完了性）を有するものとされている。

足元、参加金融機関は上位**約20行**の決済量で全体の**約8割**を占める。また Fedwire では、銀行間の**インターバンク決済**と**対顧客決済**の両方が行われるが、対顧客決済が件数では**約8割**、金額では**約4割**となっている。

世界のほとんどの中央銀行の日中流動性の供与方法は、「**無料・有担**」（無利子だが、担保の差入れが必要）の当座貸越である。こうした中で Fedwire ではほぼ唯一「**有料・無担**」（有利子だが、担保の差入れは不要）の制度がメインであった。この無担保日中Ｏ／Ｄの供与は、各金融機関の経営状況に応じて利用上限額を設定し、1分ごとの**赤残（貸越額）**(21)に対して課金し、日中Ｏ／Ｄが1日の終了時までに返済されなかった場合には高率の**ペナルティ**(22)を課す、といった仕組みであった。その後、リーマンショックの発生によるリスク管理の強化の流れ、料率の引上げによって変更され、中央銀行で主流の無料・有担の当座貸越となった。

---

(21) 〝分ごと〟の計算は中央銀行ではほかにない。ある意味〝経済〟的である。

(22) Ｆｅｄによると、課金が低率であったにもかかわらず、有料・無担の日中Ｏ／Ｄの導入によって、日中の赤残は3分の1となり大きい効果があった。

コラム⑩ — Federal Reserve Board と Bank

誤解が多いのが、米国の中央銀行である。金融政策を司る機関は「**Federal Reserve Boards**」（ワシントンにある連邦準備制度理事会）である。その下部組織で各地区を担当しているのが、12の「**Federal Reserve Bank**」（連邦準備銀行：ニューヨーク連銀とか、シカゴ連銀とか）である。よく、経済解説をしている方も誤解しているのでご注意を。全体として表現する場合は**Federal Reserve System**（ＦＲＳ：連邦準備制度）という。

※稼働時間の延長

Fedwireの稼働時間は、１９９７年12月に**8時30分～18時30分**（ＥＳＴ[23]）の10時間から0時30分～18時30分の18時間に大幅に延長された。２００４年5月には前日の**21時**まで繰り上げ、稼働時間は**21時間30分**となった。

この時間延長は、外為決済リスクの削減とクリアリングバンク業務の支援のためで、構造的には各通貨の決済システムの時差をなくすためである。その中央銀行決済システムをつないだ、外為決済リスク削減の仕組みが〝**ＣＬＳ銀行**〟である（詳細後述）。

---

(23) 東部標準時間（米国）：Eastern）Standard Time：東部にはニューヨークがある。

また、特に21時まで前倒ししても、この21時～0時の時間帯に受けた支払指図は**翌日**の決済となる。この時間に決済を行っているのは、基軸通貨ドルを使用することの多いアジア諸国であり、**アジア対応**ということもできる。

※FedNow

決済の即時化であり、ＦＲＢは２０２３年7月に新たなリテール向けの即時決済システム「**FedNow**」を稼働させた。現在のシステムの稼働は平日のみであったが、「FedNow」では24時間３６５日稼働する。民間決済システム「**ザ・クリアリング・ハウス（ＴＣＨ）**」が２０１７年11月からすでに独自の即時決済システム「**ＲＴＰ**」（詳細後述）を稼働させている。

民間が即時決済サービスを提供するなかで、政府（当局）が参入し、あえて〝**競争状態**〟[24]を作ることにより公平で普遍的な決済インフラを確立するとしている。米国にはＦＲＢを始めとして、独特の考えがあり、公的機関が参入し「民間」との「**競争**」を促進させるということを目的としている。

(2) ＣＨＩＰＳ

「**ＣＨＩＰＳ**」[25]（チップス）は１９７０年に稼働し、当初は**ニューヨーク手形交換所**

---

(24) 資本主義経済学では〝独占〟こそ最も忌むべきものであり、あえて競争状態を作っている。

(25) Clearing House Interbank Payment System（欧州や米国の人は〝略称〟にこだわりが強い）。

（**ＮＹＣＨ**）[26]が運営主体であった。ＮＹＣＨは１８５３年に設立された全米最古の手形交換所であったが、電子化し資金決済サービスに業務範囲を拡大した。その後、ＮＹＣＨは**シカゴ手形交換所**（**ＣＣＨ**）[27]と合併し、**ＴＣＨ**（**The Clearing House**）となり、傘下の組織をまとめ、TCH Payments Co. とした。同社は有力ユーザーである世界の使用量の多い有力民間銀行[28]が株主となっている。

ＣＨＩＰＳも金額が大きい「大口決済」に分類される。主として貿易取引、外為取引、証券取引など、クロスボーダー米ドルの取引のうち**約９割以上**を占めている。また約**４割以上**がアジアとなっている。国内の決済も可能である。

稼働時間は、前日の**21時～17時**の20時間となっている。この前日の21時への繰り上げはFedwireと同時期に実施された。また、**最終決済**をFedwireで行うために終了時間は短くなっている。

ＣＨＩＰＳはもともと手形交換所であったこともあり、**時点ネット決済システム**[29]であった。その後、リスク管理の強化と必要流動性の削減を目指して２０１１年１月に「**CHIPS Finality**」と呼ばれる決済の仕組みを導入した。名前の通り、ファイナリティ（決済完了性）が付与される。この仕組みは決済条件を満たす支払指図のマッチングをリアルタイムに行い、連続的にネット決済を行う。「**日中ファイナリティ**」（日中にファイナリティを付与されること）を得られる。

---

(26) New York Clearing House。Clearing House とはもともとは「手形交換所」のこと。手形交換所が電子化されたものである。

(27) Chicago Clearing House

(28) 三菱ＵＦＪ銀行も邦銀唯一の株主となっている。

(29) Designated Time Net Settlement System：従来のＣＨＩＰＳの決済の仕組みでは、ネッティング後１日１回の終了時点の決済だったので、日中ファイナリティは得られなかった。

ＣＨＩＰＳでは、**CHIPS Finality** の導入に伴い、**ＲＴＧＳ**と同様のリスク管理レベルとなり、ロスシェア・ルール、担保差入、ネット受け取り限度額、仕向超過限度額など、時点ネット決済システムのリスク管理策はすべて**廃止**された。

※ＲＴＰ

「ザ・クリアリング・ハウス（ＴＣＨ）」が２０１７年11月から独自の即時決済システム**「ＲＴＰ」（Real-Time Payments）**を稼働させている。主要な銀行が参加している。

(3) ＡＣＨ[30]

「ＡＣＨ」とは即時性の低い小口決済システムであり、**振込**（自動振込サービス）と**引落**（自動引落サービス）がある。

自動振込サービスは、企業による給与振込や総合振込や、政府による年金給付・医療費給付等、個人による通信販売支払等に使用される。自動引落しサービスでは、公共料金、各種ローン、保険料等に使用される。

ＡＣＨにおける資金決済（最終決済）は、各銀行が**ＦＲＢ**に保有する口座間の資金振替によって実施される。**一定の期間内**（営業日では通常は**４時間**など）に発生した

(30) Automated clearing house

ACH取引をバッチ（Batch）にまとめて、1日の中で定期的にそれらの取引をバッチで決済する。

米国のACHは、FRBによる「**FedACH**」と、CHIPSの運営も行っているTCH Payments Co.による「**EPN**[31]」がある。

FedグローバルACH

「**FedグローバルACH**[32]」とはFedACHが行っている国際電子決済（送金）サービスで、足元、米国、カナダ、中南米、そして欧州の国々を結ぶ。**アトランタ連邦準備銀行**がこの窓口（Gateway Operator）となっている。〝**出稼ぎ**〟の人たちの送金が主である。

2　欧州

(1) TARGET（TARGET2）

TARGET[33][34]とは、**ECB（欧州中央銀行：European Central Bank）**が運営する

---

(31) Electronic Payments Network

(32) FedGlobal ACH Payments

(33) Trans-European Automated Real-time Gross settlement Express Transfer system。ネットワークは欧州でもあり、SWIFTが使われている。

(34) 海外の決済システムの略称は、多少無理もあるが印象的なものが多い。CHIPS（米）、CHAPS（英）、CHATS（香港）、HERMES（Hellenic Real-Time Money Transfer Express System：ギリシャの中央銀行RTGSシステム）等。

欧州単一通貨**ユーロ（Euro）**の中央銀行RTGS（即時グロス決済）システムである。Fedwireや日銀ネットと同様に、資金決済と証券決済（後述）がある。ネットワークはSWIFT(35)である。

ユーロは**1999年1月**に銀行間取引から導入され、**2002年1月**に現金流通が始まった。当初、TARGETはユーロ導入時に、参加国11カ国の中央銀行のRTGSシステムを〝リンク〟させる分散型システムとして稼働した。2年遅れて2001年にギリシャがユーロに参加した。ユーロ未参加のEU加盟国（英国、デンマーク、スウェーデン）もユーロ決済に参加し、15カ国でスタートした。

その後、分散型システムの問題を解消するために、2007〜8年に、集中型の次世代システムである「**TARGET2**」（**T2**）に移行し、全面稼働開始（単一基盤上で稼働）した。その後、2017年11月に新国際標準書式**ISO20022／XML**に一斉移行した。

足元、EU加盟国は英国が離脱して27カ国であるが、そのうち20カ国がユーロを導入している。TARGET2にはユーロに参加していない4カ国（デンマーク、ポーランド、ブルガリア、ルーマニア）も参加し、TARGETスタート時に参加していた英国とスウェーデンは参加を取りやめた。ユーロ参加国とユーロ未参加の4カ国の中央銀行とECBの25カ国の中央銀行が参加している。中央銀行を経由して約100

---

(35) SWIFTはいうなれば欧州の決済システムのネットワークが欧州を越えて延びたものである。日本でいうならば、全銀システムのネットワークが世界に延びていっているということである。そのため、もともと決済システムが独自に発達していた米国や日本の主たる決済システムや国内ネットワークでは採用されていない。日本銀行も採用予定はない。

0の銀行が直接参加している。また約80の周辺システム（大口、小口、為替・資金、証券、デリバ等）の資金尻を最終決済している。各国の利用状況は**ドイツが約3割、フランスが約2割強**、スペイン、イタリアの4カ国で約8割(36)となっている。

コラム⑪——足元のEU加盟国（27カ国）

アイルランド、イタリア、エストニア、オーストリア、オランダ、キプロス、ギリシャ、クロアチア、スウェーデン、スペイン、スロバキア、スロベニア、チェコ、デンマーク、ドイツ、ハンガリー、フィンランド、フランス、ブルガリア、ベルギー、ポーランド、ポルトガル、マルタ、ラトビア、リトアニア、ルーマニア、ルクセンブルク

TARGET2には「**RTGSモード**」と「**流動性節約モード**」という二つの決済処理モードがある。

①RTGSモード

TARGET2では**普通・至急・大至急**の三つの優先順位を支払指図に付ける。そのうち、至急と大至急の支払指図については「**RTGSモード**」で行う。RTGSで

(36) ほぼGDPの割合と比例する。

あるため、仕向（送金）銀行のRTGS口座に十分な残高があれば、支払指図が即時に処理されて決済が行われる。

残高が不足する場合に支払指図が「**キュー**」（Queue：順番待ちの列）に入り、**FIFO**（first in first out：先入先出法）で処理される。

②流動性節約モード

優先度が「普通」の支払指図は「**流動性節約機能**(37)」（Liquidity Saving Feature）による流動性節約モードで決済が行われる。まず、残高を確認し、支払銀行の仕向限度を確認する。その後、他行への支払指図と他行からの受取指図を〝同時〟に〝グロス〟で履行する「**オフセッティング**(38)」（Off Setting）というスキームが使われる。効果としては、即時に、同時に行うために（その瞬間にはネッティングと同じ効果であるが）、残高が支払指図と受取指図の差額分だけあれば行われる。これが流動性節約の基本機能である。

また、オフセッティングにも、ネッティングと同様に「**バイラテラル**・オフセッティング」（Bi-lateral Off Setting）（**二者間**）と「**マルチラテラル**・オフセッティング」（Muti-lateral Off Setting）（**多者間**）がある。通常、バイラテラル・オフセッティングのほうが優先的に行われる。その中で多数の支払指図と受取指図を、指図（数）、流動性、そして時間を最小にする〝最適〟に組み合わせる高度な**アルゴリズム**

(37) 日本銀行でもこの機能を採用している。

(38) この最適なアルゴリズムの開発が、決済分野における最先端の研究である。

(Algorithm）で行われる。

稼働時間は7～18時（CET：Central European Time）の**11時間**である。休日は1月1日（元日)、Good Friday[39]（聖なる金曜日：キリストの命日：大体4月後半)、Easter Monday（復活祭の後の月曜日：Good Friday の次の月曜日)、5月1日(Labor Day：労働者の日)、12月25日（クリスマス：キリストの誕生日)、12月26日(Boxing Day：プレゼントの箱を開ける日）と6日しかない。

(2) EURO1

EURO1（ユーロ・ワン）は、民間の**EBA**（ユーロ銀行協会：本部パリ）の組織である**EBA Clearing（EBAクリアリング）**が運営しているネット系決済システムである。現在ではユーロ圏で唯一の大口（民間）ネット決済システムである。メンバーは欧州域内の銀行で、**SWIFT**もメンバーになっている。

EBA Clearing[40]は、ユーロ導入のため1998年に設立された。なお、ユーロ小口決済システム（ACH）の**STEP1**（詳細後述）と**STEP2**（詳細後述）も運営している。EURO1ではメインの決済処理もSWIFTがシステム運営も行っている。SWIFTのパッケージソフトの「**Yコピーサービス**[41]」で決済処理を行い、ネットワークもSWIFTのSWIFTNetを使用する。

---

39 春分の日の後の満月直後の金曜日。

40 もともとは人工通貨ECU(European Currency Unit：エキュ）の決済システムであった。

41 メッセージがすべて処理システムに送り込まれ、所定の手続きを経て、処理（リリース）されるパッケージソフト。そのメッセージの流れが「Y」の字に似ていることから、Yコピーと呼ばれる。SWIFTが新興国のRTGSシステムの運営をしているが、このYコピーサービスで行っている。

リスク管理としては、仕向（送金）銀行からの「**仕向超過限度額**」と「**非仕向超過限度額**」によって行われる。まず各参加行に対して「受取限度額」（決済リスク金額限度）を個別に設定する。設定を受けた受取限度額の合計がその銀行の「仕向超過限度額」となる。逆に他の銀行に設定した受取限度額の合計が「非仕向超過限度額」となる。稼働時間は**7時30分〜16時（CET**[42]**）**である。

決済メカニズムでは**単一債務構成（SOS**[43]**）**という法律構成を採用している。これは「参加行は常にネットベースのまとまった債権・債務のみを有する」とするもので、組戻しもできないのでEURO1で処理が終わった瞬間にファイナルとなり取消し不能となるとしている。つまり、日中ファイナリティを保有しているとしている。

※SEPA[44]

SEPA（セパ：単一ユーロ決済圏）の目的は、企業や個人が、ユーロ圏で〝**国内**〟での支払と同じくらい簡単かつ効果的に決済が行えるようにすることである。2007年に成立した**EU決済サービス指令（PSD**[45][46]**）**によって進められる。

SEPA決済対象となる取引は**送金・口座振込**（SCT：SEPA Credit Transfer）、**自動引落**（SDD：SEPA Direct Debit）、そして**カード決済**（SEPA Card Payments）の三つがある。送金口座および銀行の特定は「**IBAN**[47]」（国際銀行口座番

(42) Central European Time：中央ヨーロッパ時間。協定世界時（UTC：Coordinated Universal Time：かつてのグリニッジ標準時）を1時間進ませた標準時である（UTC+1）。日本標準時との時差はマイナス8時間。日本の夜8時はお昼の12時になる。ECBがあるドイツ・フランクフルトの時間帯である。

(43) Single Obligation System

(44) Single Euro Payment Area

(45) Payment Service Directive

(46) Payment Services Directive：2015年より「第二次決済サービス指令」（PSD2）となっている。

号）と「ＢＩＣ(48)」（銀行識別コード）を使用し、ＩＳＯ２００２２のＸＭＬベースの国際標準に準拠する。

(3) ＳＴＥＰ１／ＳＴＥＰ２（ステップワン／ステップツー）

EBA Clearing は大口ネット決済システムＥＵＲＯ１のほかに、ＥＵ全域を対象とするＡＣＨであるＳＴＥＰ１とＳＴＥＰ２を運営している。ＳＴＥＰ１は１件ごとの小口送金を対象としているが、ＳＴＥＰ２は複数（大量）の件数の送金（総合振込）となっている。ＳＴＥＰ１は２０００年、ＳＴＥＰ２が２００３年に稼働を開始している。

ＳＥＰＡに対する対応では、中心機関を作って接続させていこうとする集中型モデルの「ＰＥ-ＡＣＨ構想」（汎欧州ＡＣＨ(49)）があるが、ＳＴＥＰ２はその中心となっている。

(4) 欧州各地のＡＣＨ

ユーロ導入前には各国の通貨別にＡＣＨが運営されていた。通貨がユーロにまとまって、徐々に閉鎖されているが、継続的に使用されている。足元、図表８－２の上位の４つＡＣＨで決済件数の約８割を占める。

---

(47) Internation Bank Account Number：所在国、支店、預金種類、口座番号を特定するコード。最大35文字までのアルファベット・数字からなる。現在、16文字～31文字である。要は番号とアルファベットで口座まで特定し、トラブルをなくし、事務ミスを防ぎ、システムによる自動記帳（ＳＴＰ：Straight Through Process-ing）が可能になる。これは世界中の銀行で使える。

(48) Bank Identifier Code：SWIFT BIC（ＳＷＩＦＴコードともいう）は、銀行間通信網（ＳＷＩＦＴ）において銀行を特定するコードで、８桁または11桁のアルファベットと数字で構成されている。実際はＩＢＡＮには銀行情報も入っているので、送金のときなどにＢＩＣがなくても可能である。

図表8－2　欧州の主要ACH

国	名称		運営
フランス	CORE	COmpensation REtail	（民間）
オランダ ドイツ	Euquens	オランダ（Interpay）とドイツ（Transaktionsinstitut）の合併	（民間）
ドイツ	RPS	Retail Payment System	ドイツ連邦銀行
イタリア	BI-Comp	Banca d'Italia – Compensazione	イタリア中央銀行

（出所）筆者作成

図表8－3　ACHの統合モデル

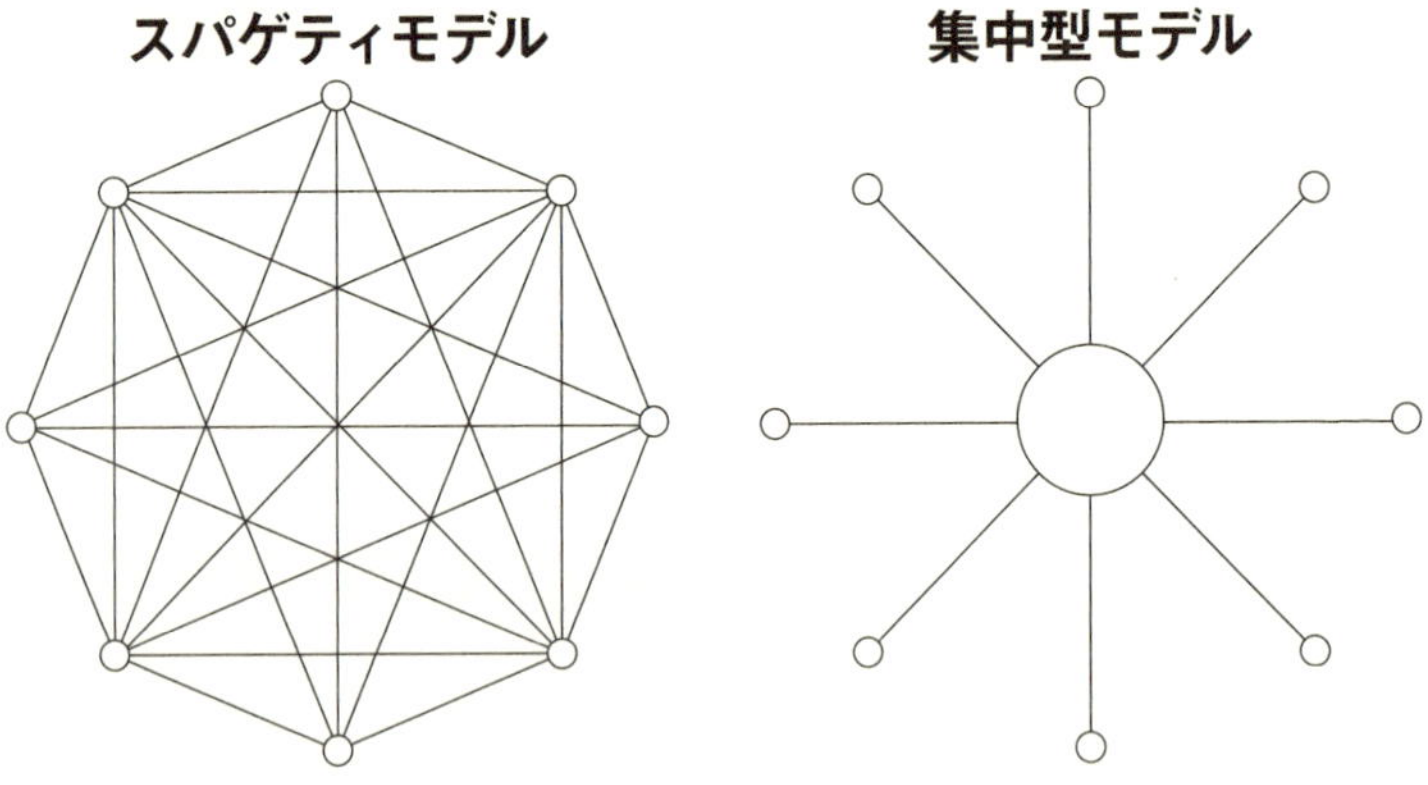

（出所）筆者作成

(49) Pan-European Automated Clearing House

各国のＡＣＨではそれぞれを接続するクロスボーダーリンク構想（スパゲティモデル）を進め「ＥＡＣＨＡ[50]」（欧州ＡＣＨ協会）も設立された〈図表８－３〉。

(5) PEPSI[51]

民間銀行を中心に汎欧州支払システム構想が進んでいる。２０１４年にロシアがウクライナのクリミア半島を統合したときに、米国の**ビザ**と**マスターカード**は対ロシア制裁を受けてロシアの銀行へのサービス提供を中止した。その事態を受けての対応である。

3　英国

英国は**ＥＵ**（European Union：欧州連合）から２０２０年に離脱し、通貨は**ポンド**（**Pound：£**）である。世界有数の国際金融センターである**ロンドン**を有しているが、現在はユーロの中央銀行決済システム**ＴＡＲＧＥＴ２**に、英国の中央銀行**ＢＯＥ**（**Bank of England：英国銀行**）は参加していない。

(50) European Automated Clearing House Association

(51) Pan European Payment System Initiative、European Payment System ともいう。

(1) CHAPS

CHAPS[52]（チャップス）とは、1964年に稼働した**CHAPS Co.**（CHAPS Clearing Company）が運営する英ポンドの大口RTGS決済システムである。CHAPSの英国における〝歴史ある銀行[53]〟が中心となった直接参加行が株主の民間決済システムである。

独特であるが、中央銀行であるBOEがシステム運営者と口座管理者で、民間に委託している形を採用している。BOEの口座間で決済しており、他の中央銀行RTGSシステムと同様にファイナリティを持つ。

稼働時間は6時～18時で直接参加行と間接参加行があり、直接参加行になるには厳しい基準がある。現在のシステム「**New CHAPS**」は、欧州でもありSWIFTのネットワークとパッケージを使用している。

(2) BACS

BACS[54]（バックス）は英国のACHであり、民間の**BACS** Payment Schemes Limited（BPSL：BACSペイメントスキーム）が運営している。直接参加者が銀行と住宅金融組合で、間接参加者は金融機関以外も参加している。システムは分社

(52) Clearing House Automated Payment System

(53) 英国らしく明文化されていない条件（ルール）もある。

(54) Bankers, Automated Clearing Services

化した**VocaLink**[55]が運営している。

(3) ＦＰＳ

Faster Paymentは Faster Payments Schemeが運用している決済システムである。システムはＢＡＣＳと同様に**VocaLink**が行っている。ＡＣＨ（小口決済システム）であるＢＡＣＳは3日後の決済であったため、改良して即時化するには無理があるということで、新規にFaster Paymentを導入した。直接参加者と間接参加者がある。

Faster Payment[56]の送金は週7日・24時間受け付け、基本的には2時間で相手口座に入金される。決済リスク管理[57]は仕向超過限度額を設定し、流動性供給とロスシェアのルールが決められている。自分が設定した仕向超過限度額１００％を提供するコミット額が割り当てられ、担保を入れている。

4　ＣＬＳ銀行

「**ＣＬＳ**[58]**銀行**」（CLS Bank）は、**外為決済リスク**（Foreign Exchange Settlement Risk）、特に時差に伴ってリスクが拡大する「**ヘルシュタット・リスク**」（Herstatt

(55) Ｖｏｃａ社とＡＴＭネットワークの運営会社であるＬＩＮＫ社が合併した会社。

(56) 基本的には時点ネット決済システムの典型的なリスク管理手法となっている。

(57) 日本の決済システム改革において参考にした。

(58) Continuous Linked Settlement：多通貨同時決済

Risk）（前述）を消滅させる（ゼロにする）ために設立された銀行（決済システム）である。インターバンクの取引が対象となる。

ＣＬＳ銀行(59)は２００２年９月に稼働した、**ニューヨークに本店**を置く決済システムである。ＣＬＳ銀行は**ニューヨーク連銀**が認可（銀行免許(60)）を出し、担当として監督する、決済に特化した「**決済専業銀行**」＝「**特別目的銀行**」（Special Purpose Bank）である。法律上は銀行免許を持った銀行だが、実体的には「**決済システム**」である。今や、件数・金額（前述）とも世界一の決済システムとなっている。日本銀行も**決済専業銀行であるＣＬＳ銀行**を、**当座預金口座（相手方）**として特別に認可した。

ＣＬＳ銀行の決済メカニズムの**ＰＶＰ**（Payment VS Payment）（前述）とは、外為（通貨の交換）における支払通貨の移動と、受取通貨の移動を〝同時〟（**Simultaneously**）に実施する。〝**同時**〟に行うため、通貨の支払と受取の時間差の**決済リスクの存在時間**は〝**ゼロ**〟となり、決済リスクも〝**ゼロ**〟になる。

しかし、ＣＬＳ銀行は中央銀行ＲＴＧＳシステムを同時に接続するメカニズムであり、**ＣＣＰ（清算機関）**(61)ではない。そのため、決済リスクについては決済が実行される瞬間までは残存する。それに対し、一般的に〝ＣＣＰでは**システムに入力した瞬間**に決済リスクは削減〟される。

ＣＬＳ銀行は、多通貨を**決済対象**としており、開業当初は７通貨であったが、現在

---

(59) 筆者はＣＬＳ銀行設立に関して、ロンドン・ニューヨークにおけるプロジェクト企画段階から参加した。

(60) 米国の国際金融に従事する金融機関に対する法律「エッジ法（Edge-Act）」に基づいて設立されたエッジアクト法人である。通常の銀行は預貸業務と為替（決済）業務を行わなければならないが、ＣＬＳ銀行では預貸業務を行わず、決済業務に特化した特別目的銀行である。日本の銀行免許一覧（金融庁）には入っていない。

(61) しかし、公的にも決済システムとは認識されていない。ＣＣＰ（清算機関）の一部の機能（計算機能）を持つが、債務は持たず、ＣＣＰではない。清算機関（ＣＣＰ）ではないということが、ＣＬＳの決済リス

は**18通貨**が対象となっている〈図表8－4〉〈図表8－5〉、「**多通貨・同時決済システム**」である。

対象取引は**為替取引**に限られ、具体的には、為替取引に分類される、**スポット取引**、**フォワード取引**、**通貨スワップ取引**、**NDF取引**(62)、**OTCクレジットデリバティブ取引**(63)などである。**メンバーシップ（参加資格）**には、直接参加者としての「決済メンバー」(Settlement Member)、間接参加者としての「サード・パーティ」(Third Party) がある。CLS銀行は「**取引決済**」と「**資金決済**」の二つのステップの決済を行う。取引は事前に入力し、取引決済と資金決済は同時に（午前）**7時**(64)（**CET**）からスタートする。取引決済は約2時間で終了する。

資金決済は通貨ごとの過不足の金額の〝**連絡**〟が各銀行に行われ、その後**5回**（アジア通貨は**3回**）に分けて、資金の払込と受取がなされる。CLS銀行ではリスク管理の枠の中で、決済がPVPで行われた瞬間にファイナリティを持つ。

ク削減における課題ともいわれている。

(62) Non-Deliverable Forward

(63) Over The Counter

(64) 日本時間15時。

図表8－4 CLS通貨と中央銀行

	通貨名	中央銀行
1	メキシコペソ	Banco de México
2	カナダドル	Bank of Canada
3	英ポンド	Bank of England
4	イスラエルシュケル	Bank of Israel
5	日本円	Bank of Japan
6	韓国ウォン	Bank of Korea
7	デンマーククローネ	Danmarks Nationalbank
8	ユーロ	European Central Bank
9	米ドル	Federal Reserve Bank
10	香港ドル	Hong Kong Monetary Authority
11	ハンガリーフォリント	Magyar Nemzeti Bank
12	シンガポールドル	Monetary Authority of Singapore
13	ノルウェークローネ	Norges Bank
14	豪ドル	Reserve Bank of Australia
15	ニュージーランドドル	Reserve Bank of New Zealand
16	南アフリカランド	South African Reserve Bank
17	スウェーデンクローナ	Sveriges Riksbank
18	スイスフラン	Swiss National Bank

（出所）CLS Bank

図表8－5　CLS通貨の拡大

時期	拡大数	合計	通貨名
2002年 9 月	7通貨	7通貨	米ドル、ユーロ、カナダドル、英ポンド、スイスフラン、豪ドル、日本円
2003年 9 月	4通貨	11通貨	スウェーデンクローナ、デンマーククローネ、ノルウェークローネ、シンガポールドル
2004年12月	4通貨	15通貨	香港ドル、ニュージーランドドル、韓国ウォン、南アフリカランド
2008年 5 月	2通貨	17通貨	イスラエルシュケル、メキシコペソ
2015年11月	1通貨	18通貨	ハンガリーフォリント

（出所）CLS Bank

5　SWIFT

「**SWIFT**」[65]（**スイフト**）は、1973年にベルギー（Belgium）の首都ブラッセル（Brussels）[66]郊外の**ラ・フルプ（La Hulpe）**に設立された**協同組合（SC）**[67]で、1977年に稼働を始めた。金融機関間の決済ネットワークで、いくつかの〝決済システム〟の運用も行っている。

当時、1960年代後半から**ユーロダラー市場**が拡大し、1973年から国際通貨制度に**変動相場制**が導入されるなど、**国際金融取引**が**急拡大**していた。そのため、テレックスやマニュアルでの事務処理が限界に達し、**ペーパークライシス**（紙による事務処理のトラブル拡大）の状況になって

(65) 国際銀行間通信協会、Society for Worldwide Interbank Financial Telecommunication、当初の略称にはピリオド（.）があり、S.W.I.F.T.であった。ちなみに、また、新聞などでは「国際銀行間通信協会」と呼ばれている。

(66) フランス語ではブリュッセル（Bruxelles）。欧州の中心として、EU本部、NATO本部などがある。

(67) Sociate Corporative

いた。そのような状況を背景にしていたので、SWIFT設立の目的は、取引処理の効率化、テレックスの次の金融ネットワークの創出、システム（コンピューター）による自動処理（STP）(68)のための〝標準化〟等である。

SWIFTは、「欧州」の決済システムのネットワークが海外に伸びた形なので、欧州や、決済システムのなかった新興国（アフリカ・南米・東ヨーロッパ等）では国内ネットワークや決済システムまで運営している。決済システムが整備されていた国（先進国）では**国際的な市場取引（外為や証券等）**を中心に活用されている。

ライブで稼働している国は、足元200以上の国または地域(69)となっており、世界中をカバーしているとしている。またSWIFTはもともと銀行のために創設されたが、1万1千以上の銀行、証券会社、市場インフラ、事業法人顧客が利用している。

決済リスク事件の例として解説したが、近年、2016年に発生した**バングラデシュ中央銀行**の不正送金事件を始めとして明らかになっているだけで5件以上、SWIFTがサイバー攻撃にさらされた。また、SWIFTは地政学的リスクの高まりで「**米国**」からの政治的圧力が高まり、取引情報を提供し、**イラン**の銀行を切断した。最近では**ロシア経済制裁**でも使われた。

---

(68) ネットワークからシステムに直結し、人手を介さずに自動処理することをSTP（Straight Through Processing）という。人手を介さないため、事務ミス防止やコスト削減になる。日本のSTP化はやや欧米よりも遅れたが、日本人は勤勉で手先が器用で事務ミスが少なかったこともその理由と考えている。

(69) しかし、世界の国連加盟国数は193か国である。SWIFT加盟国210という向きもいるがやや信頼性に欠ける。

※MT

もともと、ＳＷＩＦＴメッセージの原型は**テレックス（Telex）**であり、そのイメージを持っていた。そのメッセージを**ＭＴ（Message Type）**という。ＭＴはＭＴ○○○と3桁の番号で分類されている。

1桁目：Category（カテゴリー）

2桁目：Group（グループ）でその小分類

3桁目：Type（タイプ）さらにその小分類で業務の種類

ＭＴにはマス目のように割り振られた**Field**（フィールド：マス目）がある。そこで使われる番号を**Tag**（タグ）という。たとえば、銀行で最も多く使うのが**ＭＴ１０３**[70]（単一の顧客送金：Single Customer Credit Transfer）であるが、**タグ33**は通貨と金額（Currency ＋ Amount）、**タグ50**は送金人（Ordering Customer）、**タグ51**は送金銀行（Sending Institution）、**タグ57**は受取人の銀行（Account With Institution）、**タグ59**は受取人（Beneficiary Customer）となっている。

※ＭＸ[71]

ＭＸ（XML[72] Message Type）は、ＭＴの進化系で国際標準のルール**ＩＳＯ２００２２**に基づいて、ＸＭＬ（拡張可能なマークアップ言語）の言語方式で作成される。

---

(70) ＭＴ１００番台は〝送金〟関係。

(71) 概論で説明すれば、ＭＴはエクセル（Excel）のようなものでマス目があるが、ＭＸ（ＸＭＬ）はワード（Word）のイメージで、白地にここに何を書くかという、項目から定義する。手間もかかるが、その分、様々な情報を自由に加えることが可能となっている。

(72) eXtensible Markup Language

当面はMTとMXが併存し、25年11月以降MXのみになる予定である。MTは廃止される。

決済システムにおけるSWIFTの活用方法は以下の3通りである。

①決済ネットワークとしてSWIFTを利用する方法：欧州のユーロ決済システム**TARGET2**や、スウェーデンや南アフリカの**RTGSシステム**、CLS銀行で**SWIFT**をネットワークとして使用している。

②SWIFTのパッケージサービス「**FINコピーサービス**」（**Y-Copy**）を使う方法：主として中央銀行のRTGSシステムで使用する。仕向銀行から、非仕向銀行に支払指図が送信されると、**SWIFTシステム**から**中央銀行**に連絡する。中央銀行は残高を確認して、残高があれば中央銀行の口座間で決済が行われる。

③SWIFTが決済システムの**オペレーション**まで請負うケース：**EURO1**がこれに当たる。

※SWIFT gpi(73)

国際送金の**即時化**（30分以内）、手数料の開示、送金の追跡情報（トラッカー：**UETR**(74)）による管理、送金情報の統一（ISO20022）が行われる。企業向けに

(73) global payments innovation
(74) Unique End-to-end Transaction Reference

も拡大している。ＳＷＩＦＴはもともと〝銀行〟の共同組合であったが、銀行以外の顧客基盤が拡大している。背景は、最近の決済改革は、決済のヒエラルキーで、国・決済システムぐらいまでは実施されており、最近はリテール決済の改革が中心であり、その動きにＳＷＩＦＴなりに対応するもの。

※Sibos

Sibos[75]（サイボス）とは、ＳＷＩＦＴが毎年秋に主催するコンファレンスで、足元、ＳＷＩＦＴ関係者など約１万１千人が参加する。欧州（２回）・米州（１回）・アジア・太平洋（１回）で固定され、４年に１回輪番で開催される。

２０２４年は中国北京であったが、今後の予定は、２０２５年ドイツ・フランクフルト、２０２６年米国マイアミ、２０２７年はシンガポールで開催される。日本では２０１２年に大阪で開催された。

6　中国

中国は**人民元**（**Renminbi：Yuan**）を通貨としている。決済システム[76]の構成は、外

(75) SWIFT International Banking Operations Seminar〟筆者は銀行および全国銀行協会のＳＷＩＦＴ部会長として10回参加した。ＳＷＩＦＴより依頼があり講演も3回行った。

(76) 筆者の書籍が中国語訳され、中国人民銀行（People's Bank of China）の教科書に採用されたほか、北京の支付結算司や国家外貨管理局を訪問し指導した。同様に韓国の中央銀行韓国銀行（Bank of Korea）でも、韓国語に訳し教科書に採用され、同様に本店（ソウル）にも訪問し指導した。

図表 8－6　中国の決済システム一覧

CNAPS		
	HVPS	RTGS 決済システム
	BEPS	小口決済システム
	IBPS	インターネット決済システム
LCHS		地場決済システム
CIS		小切手イメージ決済システム
CDFCPS		貿易決済システム
SHCH		外為清算機関
CIPS		クロスボーダー決済システム

（出所）筆者作成

図表 8－7　CNAPS を構成する決済システム

HVPS	High Value Payment System	中央銀行 RTGS 決済システム
BEPS	Bulk Electronic Payment System	小口決済システム（ネット決済）
IBPS	Internet Banking Payment System	インターネット決済システム

（出所）筆者作成

為決済システムを分けているなど〝**役割分担型**〟で日本と近似している。また様々な電子化が進んでいたのは、〝国土が広い〟ということが背景にある〈図表8－6〉。

(1) CNAPS

「**CNAPS**[77]」(シナプス)は、中国の中央銀行である**中国人民銀行**(**PBOC：People's Bank of China**)の決済システムで[78]、2005年から順次稼働した。**香港**の**多通貨資金・証券決済インフラ**(**Financial Infrastructure**)とも接続している。なお、2014年5月から、CNAPSをアップグレードした「**CNAPS2**」が稼働している。

(2) LCHS[79]

同地交換決済制度(地場決済システム[80])ともいう。都市ごとに人民銀行が運営主体のクリアリングシステムが存在している。

(3) CIS[81]

全国小切手電子データ交換システムともいう。中国は国土が広いこともあり、小切手の電子化(イメージ処理)が導入された。

---

(77) China National Advanced Payment System。CNAPSコードとは、CNAPSで使用されるコードのことで、「銀行コード3桁＋地域コード4桁＋支店コード5桁＋口座番号(桁数不特定)」の構成で成り立ち、仕向先銀行と支店を特定することが可能となる。ベースは日銀ネットである。また中国の決済システムの略称は4文字が多い。

(78) CNAPSの前に、人工衛星を利用した「天地対接」(電子本支店決済システム)があった。

(79) Local Clearing House System

(80) 手形交換がベースとなっている。どの国でもこの様な制度がある。

(4) CDFCPS(82)

日本と同様に外為取引は決済システムを分けている。国内で行われる「**貿易決済**」では**多通貨システムのCDFCPS**を使う。人民元と、香港ドル、G7通貨（米ドル・英ポンド・ユーロ・日本円・カナダドル・スイスフラン）と貿易面で親密な豪ドルの8通貨の決済を行う。

(5) SHCH

現在、中国における「**インターバンク外為（ディーリング）取引**」は、上海の**中国外国為替取引システム（CFETS**(83)**）**で一元的に行われている。現在、人民元と香港ドル、スイスフラン、G7通貨（米ドル・英ポンド・ユーロ・日本円・カナダドル）と、経済面で親密な豪ドル・ニュージーランドドル・シンガポールドル・マレーシアリンギ・ロシアルーブルの14通貨との取引が行われている。CFETSで実行された為替取引は清算機関（CCP）である**SHCH**(84)で清算され、**HVPS**で決済される。

(6) CIPS(85)

CIPSとは人民元〝**クロスボーダー**〟決済システムのことで、フェーズIが20

(81) Cheque Imaging System

(82) China Domestic Foreign Currency Payment System

(83) China Foreign Exchange Trade System、中国外為交易中心・中国外貨交易センターなどともいう。一般的に「シーフェッ」と呼ぶ。CFETSも指導の為に訪問した。

(84) Shanghai Clearing House

(85) China International Payment System

15年10月、フェーズⅡは2018年5月に稼働を開始した。中国政府の積極的な働きかけもあり、**海外**の**オフショア銀行**も直接参加が可能となった。

リアルタイムでの全額決済方式と、流動性をさらに制限できる混合型決済方式を採用し、貿易や投資を主としたすべての人民元クロスボーダー決済およびオフショア決済を対象としている。**証券決済システムＳＨＣＨ**（前述）と**ＣＣＤＣ**の２つの債券決済機関の資金決済を行っている。フェーズⅡによる稼働時間は平日の24時間、休日の4時間である。

※人民元国際化

中国人民銀行は2003年香港で**オフショアクリアリング**が開始された後、23カ国・地域に「**クリアリングバンク**[86]」を拡大し、オフショア人民元センターの育成を加速している。その国・地域は（アジアでは）香港、マカオ、台湾、韓国、シンガポール、マレーシア、カタール、タイ、オーストラリア、ＵＡＥ、（欧州では）英国、ドイツ、フランス、ルクセンブルク、ハンガリー、スイス、ロシア、（米州では）米国、カナダ、チリ、アルゼンチン、（アフリカでは）南アフリカ、ザンビアである。

2016年10月に中国人民元は**ＩＭＦ**（国際通貨基金：International Monetary Fund）の**ＳＤＲ**[87]（特別引出権：Special Drawing Rights）の構成通貨となったが、

(86) 米国が米国商業銀行を世界中のクリアリングバンクにした戦略と同じである。たとえば東京はチェース、大阪はＢＯＡ（廃止）、マニラはシティバンクであった。

(87) ＩＭＦが使用する人工通貨である。

それ以降は逆に国際化の勢いは減速している。**デジタル人民元**を導入して実需から伸ばそうとしているが、今後の伸びには、資本取引の規制緩和が必要となるが、それは困難[88]であろう。

SWIFTによると、資金決済に使われる通貨としては、足元、米ドル、ユーロ、英ポンド、日本円、カナダドルに続いて中国人民元が約２％で第６位である。**外貨準備**では米ドル、ユーロ、日本円、英ポンド、中国元が約２％と第５位である。この関係は、中国の独自ネットワークで決済を増やしているためである。

7　ロシア

ロシアの通貨は〝**ルーブル**〟（Rouble/Ruble）である。ウクライナ侵攻によって、世界経済の分断（冷戦）が進んでいる。先進主要国は、ロシアへの経済制裁を科した。ロシアの主要銀行に対して、各国（銀行）で資産凍結、ＳＷＩＦＴの取引停止、ルーブル決済の回避を行った。結果として、ロシアは中国へ接近し、ブロック経済化が進んだ。ロシア経済は、規模では中国経済の10分の1である。

経済（通貨）政策として、ロシア・ルーブルと中国人民元と、固定相場制を導入し

(88) 弊書『通貨経済学入門（第2版）』（日本経済新聞社）ご参照。

た。２０２２年3月に、基準値はそのままで、基準値からの変動幅を5％から10％に広げた。

実は、ロシアの２０１４年の「クリミア侵攻」後、ロシアは経済制裁の一環で、西側諸国の決済ネットワークから切り離されたことをきっかけにして、決済システムが発展した。

中銀システムとして、**SPFS**（Sistema Peredachi Finansovykh Soobscheniy ＝ Financial Messaging Transfer System）がある。リテール決済として、ＶＩＳＡ・マスターなどの米国のクレジットカードも使用停止となったため、独自の決済システム「**ミール**」（ＭＩＲ：Мир）が開発された。

8　香港

香港金融管理局（**HKMA**）[89]は「**Financial Infrastructure in Hong Kong**」（**FIHK：香港金融インフラ**[90]）を構築し、特にリンケージを中心とした決済システムの強化が著しい。

図表8－8のように、香港では、現在、香港ドル・米ドル・ユーロ・人民元につい

(89) Hong Kong Monetary Authority、香港の通貨当局。中央銀行と金融庁と財務省の機能を持つ。

(90) 筆者は日本の決済システムの目標すべきと考えている。

図表８－８　香港の決済システム

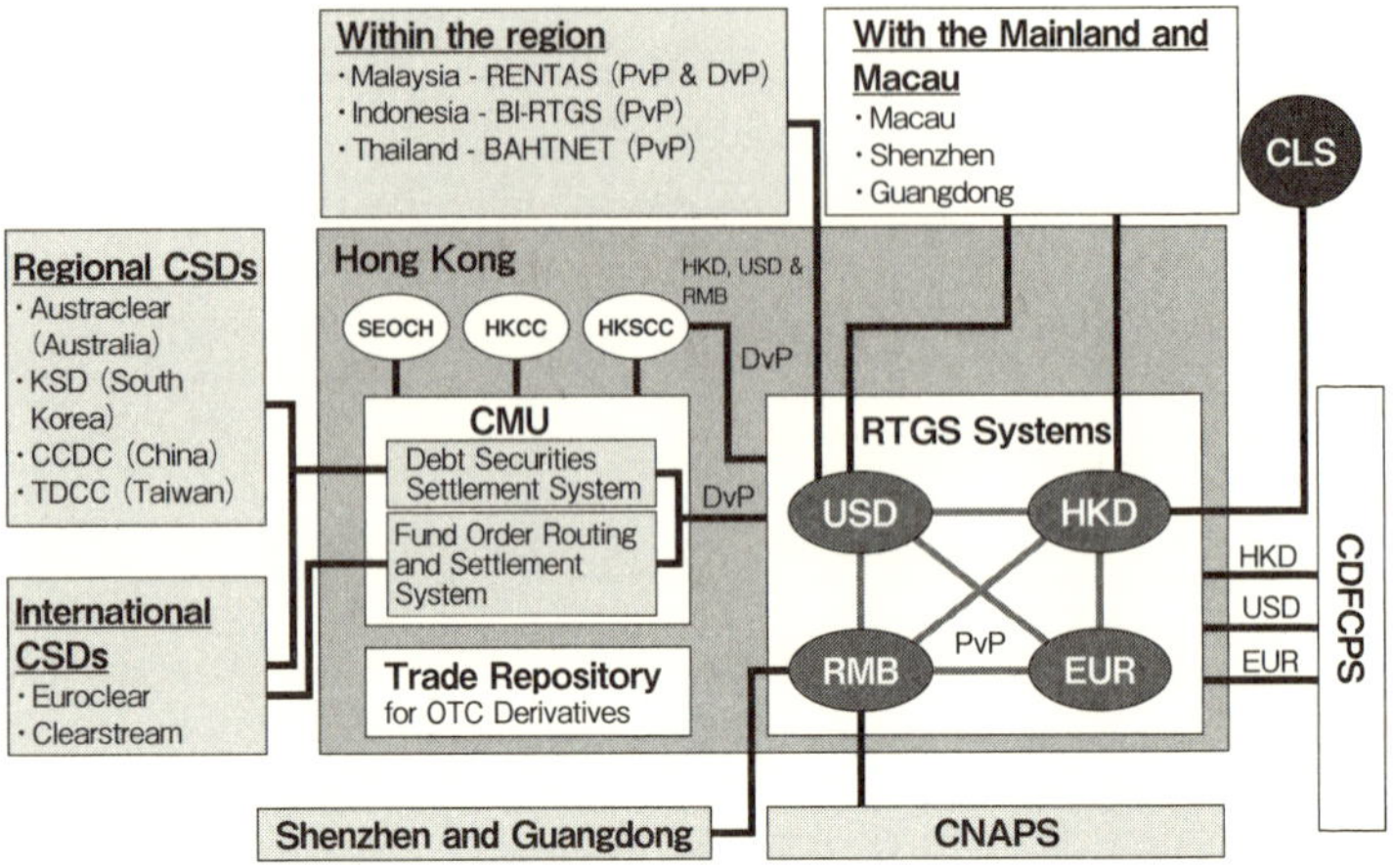

（出所）HKMA

てＲＴＧＳ決済を可能としているシステムが、１９９６年に稼働した中心部のＲＴＧＳシステムＣＨＡＴＳ(91)である。この４通貨間も接続されており、ＰＶＰ(92)（Payment VS Payment）決済が可能となっている。各ＲＴＧＳとの接続は、人民元は中国銀行（香港）、米ドルは香港上海銀行（ＨＳＢＣ(93)）、ユーロはスタンダードチャータード銀行(94)（渣打銀行）を決済機関（ネットワーク）として接続し、ＲＴＧＳ決済(95)を実現している。

香港ドルは、中国本土の**深圳**（シンセン）と**広東**、**マカオ**（澳門）の決済システム、そして**ＣＬＳ銀行**とも接続している。**中国人**

---

(91) Clearing House Automated Transfer System

(92) ＰＶＰが実現しているのはＣＬＳ銀行とＨＫＭＡのみである。

(93) Hongkong and Shanghai Banking Corporation

(94) Standard Chartered Bank

(95) ＨＫＭＡはファイナリティを持ったＲＴＧＳ決済といっている。

民元は中国人民銀行の決済システムCNAPSと接続しているほか、ローカルクリアリングである深圳と広東の小切手決済システムと接続している。また先に説明した中国の貿易決済システムのCDFCPSとも**香港ドル・米ドル・ユーロ**の決済で接続している。

さらに**米ドル**はこのRTGS決済を使用して、アジアの**マレーシア（RENTAS）**（PVPとDVP）・**インドネシア（B-I-RTGS）**(96)（PVP）・**タイ（BAHTNET）**(97)（PVP）の各通貨の中央銀行RTGS決済システムと接続することによってPVP決済を実現している。そして中国本土の深圳と広東、マカオの決済システムとも接続している。

証券決済（後述）についても、香港の**証券決済システム（CSD：Central Securities Depository：証券保管振替機関）**の**CMU**(98) **(Central Moneymarkets Unit)**は、もちろん資金決済とDVP（Delivery VS Payment）決済を行っているほか、ICSD（International CSDs）の**ユーロクリア（Euroclear）**と**クリアストリーム（Clearstream）**に接続し、また中国、韓国、台湾、オーストラリアのCSDともリンクしている。日本と同様に、店頭デリバティブのためのTrade Repositoryもある。

一時期、日本銀行とHKMAとの間で、日銀ネット国債系と香港ドル即時グロス決済（RTGS）システムとを接続するプロジェクトが検討されたが、諸事情により中

(96) Bank Indonesia Real Time Gross Settlement

(97) Bank of Thailand Automated High-value Transfer Network

(98) 証券集中保管機関。

止された。

コラム⑫——ドルの語源

金・銀・銅の貨幣制度の中でも、最も重要だったのが〝**銀**〟であることは先に書いた。〝**金**〟は世界各国で産出されるが、〝**銀**〟というものは取れる場所が限られている。

アジアだと〝**石見**（いわみ）**銀山**〟、米州だと**メキシコ**、欧州だと**ボヘミア**が中心産地であった。通貨の分野では、石見銀山は世界的に非常に有名で、最盛期には**世界の3分の1の銀**を産出した。当時、中国では銀の産出は少なく、明や清の時代の銀貨はほとんどが石見銀山産ともいわれている。

外国人が作成した、ほとんどの当時の日本地図（英語）には**Iwami**の文字がある。日本で最初の世界遺産に登録されるのも納得できる。

ボヘミアの中心的な銀の産地が**ヨアヒムス・ターラー**（ヨハネの谷）で、それがコインの名称になった。そして、**ターラー**が訛り、**ダラー**となった。ドイツ語の谷は現在でもTalである。ドルの語源はもともと「谷」ということである。

ドルは貨幣（通貨）ということが〝一般化〟して、そのほかの国も〜**ドル**といういい方をするようになった。$は漢字では当て字で「弗」と書く。

第9章

Introduction of Settlement Infrastructure

証券系決済

図表9－1　証券決済の仕組み

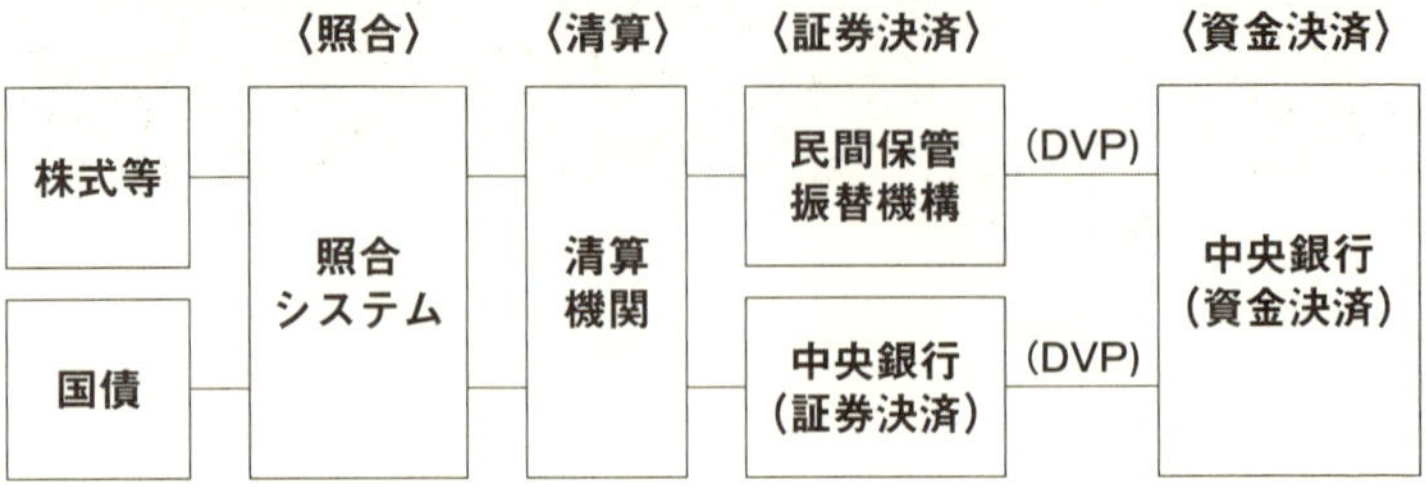

（出所）筆者作成

本章では、主要な内外の〝**証券**〟**決済インフラ**を解説する。証券決済も、通貨決済（外国為替）と同様に〝**価値交換**[1]〟**型決済**である。また資金（決済）と違い、証券は様々な種類があるため、決済もそれぞれで存在する〈図表9－1〉。

さらに証券決済については、**証券決済機関**[2]（CSD[3]）、**清算機関**（CCP[4]）、**照合機関**（PSMS[5]）等が存在する。そのため、資金決済と比べてやや複雑に見えるが、決済の基本は変わらない。証券決済は、**証券決済機関**と**中央銀行当座預金**とのDVP[6]**決済**が行われている。

証券決済機関（CSD）と**証券決済システム**（SSS[7]）との違いは、日本銀行（証券決済）の例でいうと、**証券決済機関**という**機関**（**組織**）は**日本銀行**であり、**証券決済システム**では**日銀ネット**（**国債系**）ということになる。

基本的な証券決済では、証券決済機関（CSD）

(1) Exchange-for-Value
(2) 証券集中保管機関、証券保管振替機関ともいう。正式名称（金融庁）を「振替機関」という。これは不動産の登記簿と一緒で、一言でいえば証券の登記簿（元帳）である。ここにおける付替で、所有権の移転が分かる。
(3) Central Securities Depository
(4) Central Counter Party
(5) Pre-Settlement Matching System
(6) Delivery VS Payment
(7) Securities Settlement System

の証券〝振替〟（Delivery）と中央銀行の当座預金の**資金〝振替〟**（Payment）を同時に行う**DVP**である。この仕組みによって決済にかかわる時間を〝**ゼロ**〟にして決済リスクをゼロにしている。なお、本章で「**取引情報蓄積機関**」（TR：Trade Repository）についても解説する。

1　日本

日本では、国債では「**日本銀行**」（日銀ネット国際系）が、民間の証券である株式、投資信託、一般債（社債）、短期社債では「**証券保管振替機構**」（ほふり）が**証券決済機関**（**CSD**）となっており、2つの流れがある〈図表9－2〉。

図表９－２　日本の証券決済システム

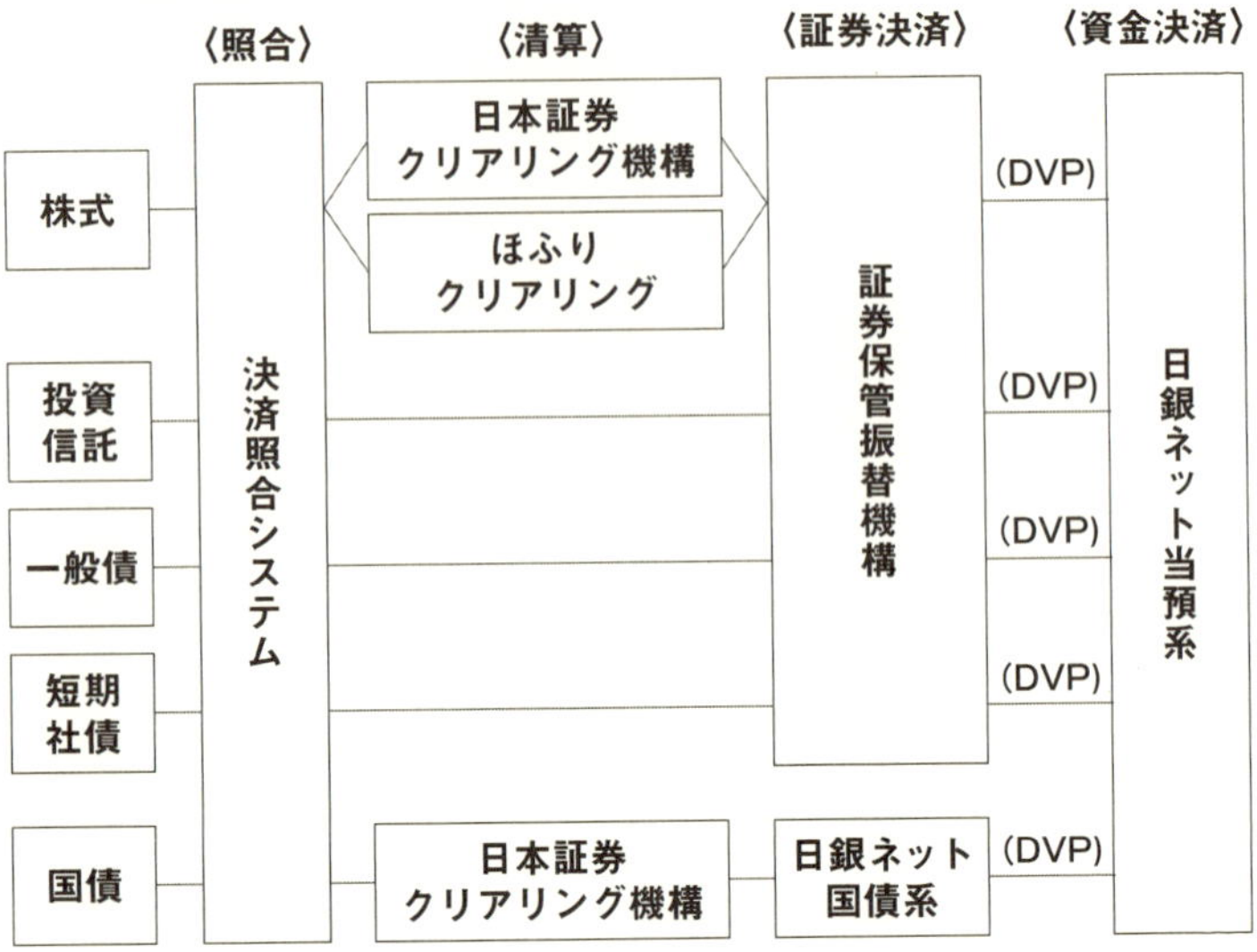

（出所）筆者作成

最近の証券決済改革

(1) 稼働時間の延長

日銀ネット国債系も２０１６年２月に稼働時間が**21時**まで延長された。円資産（国債）の担保としての活用が促進されている。

(2) 決済期間の短縮

国債は、米国、英国等が〝**T＋1**〟決済で、日本も２０１８年5月に実施された。**株式等は米国、欧州等**は〝**T＋2**〟決済で、**日本**もまた２０１９年7月に実

図表９－３　国債決済期間

米国	英国	フランス	ドイツ	日本
T＋1	T＋1	T＋3	T＋2	T＋1

（出所）筆者作成

図表９－４　株式決済期間

米国	英国	フランス	ドイツ	日本
T＋2	T＋2	T＋2	T＋2	T＋2

（出所）筆者作成

図表９－５　主要証券決済機関

	米国	日本	英国	フランス	ドイツ
国債	FRB	日銀	ユーロクリアUK &アイルランド	ユーロクリアパリ	クリアストリームフランクフルト
民間証券	DTC	証券保管振替機構			

（出所）筆者作成

施された。

さらに、**２０２４年５月28日**[8]**（火）**に、**米国**で株式・社債など証券の決済期間が２営業日から１営業日に短縮された。**カナダ・メキシコ**は５月27日（月）に実施された。これは「決済リスク[9]」の低減が目的である。**欧州**なども各国で短縮化の流れが進んでいる。

(3) 国債決済システムの海外接続

国債は**日銀ネット端末の国外設置（グローバル・アクセス**[10]**）**により、①国外拠

(8) 5月27日（月）／5月第4月曜日は、米国では「戦没者追悼記念日」（Memorial Day）で祝日。

(9) 特に流動性が削減された。

(10) 日本銀行金融ネットワークシステム（「日銀ネット」）の利用金融機関等に対し、国外拠点に加えて、国外拠点にも日銀ネット端末を設置し、国外からの日銀ネットの利用を可能とすること。

点における通常業務のほか、たとえば、②業務継続体制の強化、③事務拠点の集約といった目的でも活用が可能である。すでに国外からのアクセスが可能な日銀ネットのコンピューター接続と比較して、低コストで利用が可能となる。

さらに、後に述べる**ASEAN＋3・クロスボーダー決済インフラ・フォーラム（CSIF）**[11]による進捗報告書「**域内決済インフラ**の構築と今後の取り組み：ASEAN＋3諸国におけるCSD－RTGSリンクの実現」を経て、日銀ネット国債系と香港ドル即時グロス決済システムとの間のクロスボーダーDVPリンクの構築が検討されたが、実現には至らなかった。

〈照合〉

証券は、たとえば国債といっても、種類・期間・金利・番号など多種多様で、また取引内容も様々なので、まず取引の「**照合**」[12]（matching）をすることが重要である。証券決済の分野も各国の金融の状況や歴史によって様々な形態をしている。日本では、国債も含め、**証券保管振替機構**（ほふり）の「**決済照合システム**」を使用している。

---

(11) Cross-border Settlement Infrastructure Forum

(12) 照合することによって、事務トラブル（決済リスク）が低減する。

図表9－6　日本の金融商品取引清算機関

1	株式会社日本証券クリアリング機構
2	株式会社ほふりクリアリング
3	株式会社東京金融取引所（金融商品市場の取引の清算業務）

（出所）金融庁／免許・許可・登録等を受けている業者一覧

〈清算〉

証券にはすべてではないが、**清算機関**（CCP）が存在する。日本の証券決済においては、株式と国債を主とした「**日本証券クリアリング機構**」（JSCC）[13]と、株式を主とした「**ほふりクリアリング**」（JDCC）[14]が存在する〈図表9－6〉。投資信託、一般債、短期社債には清算機関は存在しないが、それは、対象商品（件数）が少なく、清算の効果が期待できないからである。

(1) 日本証券クリアリング機構

日本証券クリアリング機構（JSCC）とは、日本取引所グループ、名古屋証券取引所、札幌証券取引所、福岡証券取引所の共同出資[15]で設立された、証券市場の横断的な**統一清算機関**のことである。

当初は株式等の清算機関であったが、国債の清算機関であった日本国債清算機関（JGBCC）[16]と合併した。**株式**の**証券取**

(13) Japan Securities Clearing Corporation

(14) JASDEC DVP Clearing Corporation

(15) 出資比率は、各市場における清算業務の規模（売買の規模）に基づく。

(16) Japan Government Bond Clearing Corporation

図表9－7　日本の証券決済（振替）機関

1	株式会社証券保管振替機構
2	日本銀行

（出所）金融庁／免許・許可・登録等を受けている業者一覧

引所における証券会社同士の売買の決済に伴う振替（**ストリートサイド**[17]）を行う。

(2) ほふりクリアリング

ほふりクリアリング（JDCC）は、**証券保管振替機構**[18]が全額出資した清算機関のこと。証券取引所における売買の決済に伴う振替〝以外〟の振替（**カスタマーサイド**[19]）を行う。

〈決済〉

日本における証券決済においては、以下の二つの**証券決済機関**（CSD：**証券決済システム**）が存在する〈図表9－7〉。金融庁では振替機関として「**証券保管振替機構**」と「**日本銀行**」を認可している。図表9－2にもあるように、**日本銀行の日銀ネット当預系**と**DVP決済**を行う。

---

(17) 証券会社同士の取引のこと。

(18) Japan Securities Depository Center

(19) 証券会社と機関投資家（顧客）の取引のこと。

(1) 証券保管振替機構

証券保管振替機構（ほふり：ＪＡＳＤＥＣ：Japan Securities Depository Center）は、株式等、短期社債、一般債、投資信託および外国株券等の振替を行う証券決済システムを運営する**証券決済機関**（ＣＳＤ）である。基本的に、国債以外の〝**民間**〟の証券の決済を行う。

(2) 日本銀行

日本銀行（ＢＯＪ：Bank of Japan）は、国債（ＪＧＢ[20]）の振替を行う**証券決済システム（日銀ネット国債系）**を運営する証券決済機関（ＣＳＤ）である。

〈取引記録保管〉

取引情報蓄積機関（ＴＲ：Trade Repository）は、２００８年の**リーマンショック（国際金融危機）**後の、２００９年にＧ20ピッツバーグサミットでの**デリバティブ市場の監督方針の合意**をうけて設立された。日本では、対象店頭デリバティブ取引情報を金融庁に報告する唯一の「**取引情報蓄積機関**[21]」として「**ＤＴＣＣ[22]データ・レポジト**

---

(20) Japanese Government Bond

(21) 株式、クレジット、金利、為替等が対象。

(22) 米国の証券保管振替機関。

リー・ジャパン」（Data Repository Japan）が2013年4月より業務を開始している。

2 米国

日本の証券決済の枠組みは、**米国**と近似[23]である。米国債（**財務省証券**）等の証券決済機関（CSD）は中央銀行である「**FRB**[24]」（連邦準備銀行）で、民間系の証券（株式、社債、地方債、CP等）は「**DTC**[25]」（Depository Trust Company）である。なお、米国では**照合**は**清算機関**が行っている。

〈清算〉

(1) NSCC

NSCC[26]は、**DTCC**の子会社であり、株式・社債・地方債の**清算機関**である。

---

(23) 正確には日本が米国の枠組みに近似。

(24) Federal Reserve Bank

(25) Depository Trust & Clearing Corporation は特殊会社で、その中核会社がDTCである。

(26) National Securities Clearing Corporation

(2) FICC

FICC[27]もDTCCの子会社で、**米国債とモーゲージ証券（MBS：Mortgage-Backed Security）**の清算機関である。国債部門とMBS部門に分かれている。

〈決済〉

(1) DTC

DTC（Depository Trust Company）は、株式・社債・地方債・CP等の決済を行う証券決済機関（CSD）である。DTCは「**限定目的の信託会社**」（**Limited Purpose Trust Company**）であり、**FRBに口座**を開設している。

(2) FRB

FRBのFedwireには、日銀と同様に「**資金決済サービス**」（Fedwire Funds Service）と「**証券決済サービス**」（Fedwire Securities Service）の決済システムがある。証券決済サービスの対象商品は、**財務省証券・連邦機関債・モーゲージ証券・国際機関債**となっている。

---

(27) Fixed Income Clearing Corporation

3 欧州

欧州の金融制度は、**1999年1月のユーロ（euro）導入**によって改革が進んだ。特に**証券決済システム**は**統合と統一**が劇的に進んだ〈図表9－8〉。

決済（2段階の改革）

①国内の改革

1999年のユーロ導入に向けて、まずは**国内の改革**が進行した。それぞれの国で、国債や株式などの証券決済機関が〝**統合**〟された。欧州の特徴は、米国や日本と違い、**国債と民間証券**が一つの統合された証券決済機関（CSD）で一緒に決済していることとである。欧州の経済金融統合も理由の一つであったが、それぞれの国が小国であることも、その一因である。

(a)イギリス

1993年設立の**CREST**[(28)]（株式社債）が2000年に**CGO**[(29)]（国債）を、2002年に**CMO**[(30)]（短期金融市場商品）を統合した。

---

(28) Certificateless Registry for Electronic Share Transfer

(29) Central Gilts Office

(30) Central Monetary matkets Office

図表9－8　欧州の証券決済システム統合

（第1段階）国内統合

	元	統合先
イギリス	CGO・CMO	CREST
フランス	フランス中銀	Sicovam
ドイツ	DKV・AKV	DBC

（第2段階）域内統合

Sicovam・CREST・NECIGEF・CIK・VPC・APK	ユーロクリア
セデル・DBC	クリアストリーム

（出所）筆者作成

（b）**フランス**

1949年設立の**Sicovam**[31]（株式と社債）が、1998年にフランス中銀の証券決済システム（国債）を統合した。

（c）**ドイツ**

各地の証券取引所ごとの7つの証券決済機関が統合されて1989年に**DKV**[32]となり、さらに1996年に国際的な証券の証券決済機関の**AKV**[33]と統合した。さらに1997年に**DBC**[34]と名称変更した。

②汎欧州の改革

欧州の証券決済機関はその後、**ICSD**（International CSD）の**ユーロクリア**[35]と**クリアストリーム**に統合された。ユーロクリアもクリアストリームも銀行免許を保有している。規模の比率は世界全体では約7：3、欧州エリアでは約6：4である。

(31) Société Interprofessionnelle pour la Compensation des Valeurs Mobilières

(32) Deutsche Krankenversicherung AG

(33) Deutscher Auslandskass-en-verein AG

(34) Deutsche Börse Clearing AG

(35) もともとはモルガン銀行（Morgan Guaranty Trust Company）ブラッセル支店。

(1) ユーロクリア

ユーロクリア（Euroclear）は、１９６８年設立のＩＣＳＤであった**ユーロクリア・バンク**（Euroclear Bank）に、２００１年に**ユーロクリア・フランス**（パリ：元Ｓｉｃｏｖａｍ）、２００２年に**ユーロクリア・UK&アイルランド**（ロンドン：元ＣＲＥＳＴ）、２００２年に**ユーロクリア・オランダ**（アムステルダム：元ＮＥＣＩＧＥＦ[36]）、２００７年に**ユーロクリア・ベルギー**（ブリュッセル：元ＣＩＫ[37]）、２００８年に**ユーロクリア・スウェーデン**（ストックホルム：元ＶＰＣ[38]）と**ユーロクリア・フィンランド**（ヘルシンキ：元ＡＰＫ）が統合した。また、ユーロクリア日本支店は２０１７年に外国銀行業支店の免許を金融庁より取得した。

ユーロクリアは、「**外貨建て（日本）国内債**」の決済サービスに参入し、証券と資金の同時決済機能（ＤＶＰ）を提供した。**２０２１年**に発行が始まった、このような債券を「**オリガミ債**」という。海外投資家も呼び込め、外貨建て国内債市場の拡大にもつながる。

(2) クリアストリーム

クリアストリーム（Clearstream）は、１９７０年設立のＩＣＳＤであった**セデル**

---

36 Nederlands Centraal Instituut voor Giraal Effectenverkeer

37 Caisse Interprofessionnelle de Dépôts et de Virements de Titres

38 Värdepapperscentralen

(Cedel[39]**:ルクセンブルク)**と**DBC(フランクフルト)**が2001年に合併し、**クリアストリーム・インターナショナル**(Clearstream International)となった。セデルはクリアストリーム・ルクセンブルク、DBCはクリアストリーム・フランクフルトとなった。

(3) T2S

TARGET2-Securities(T2S)とは、国債を中心として欧州のCSDを集約した、欧州中央銀行(ECB)が運営する**中央集権(一元)的**な中央銀行証券決済システム[40]のことである。**T2S**では欧州の**資金決済システムTARGET2**とDVP決済が可能となった。

システム開発と運営については、ドイツ・フランス・イタリア・スペインの四つの中央銀行が行い、2015年6月から順次スタートした。

〈清算〉

欧州においては、LCH. Clearnet と Eurex Clearing が大きな二つの清算機関であるが、欧州の清算機関(CCP)も、証券決済機関(CSD)の影響を受け、同様に、

---

(39) Centrale de Livraison de Valeurs Mobilières

(40) 汎欧州中央証券決済プラットフォーム(Pan-European Central Settlement platform)ともいう。

統合された。

(1) LCH. Clearnet

LCH. Clearnetは２００３年に英国の**ＬＣＨ（London Clearing House）**とフランスの**Clearnet**が合併したＣＣＰである。

ＬＣＨは１８８８年にロンドンで設立され、商品・原油・金融先物・金属等に加え、レポ・金利スワップ・株式等も対象取引とした。

Clearnetは１９６９年にパリで設立され、商品・先物・オプション・金属デリバティブ・株式・国債等と対象取引を広げた。特に２０００年にパリ・アムステルダム・ブリュッセルの証券取引所の合併により**ユーロネクスト（Euronext）**が誕生し、そのＣＣＰとなった。

対象取引は、株式、債券、デリバティブ、商品・エネルギーなど多岐にわたっており、接続する決済機関も、ユーロネクストと関係の深いユーロクリアだけではなく、クリアストリームや欧州各国のＣＳＤ、そして米国のＤＴＣなど多くのＣＳＤと接続している。

(2) Eurex Clearing

Eurex（ユーレックス）Clearingは、1998年に設立された、ドイツ証券取引所とスイス証券取引所の合同出資の子会社**Eurex（フランクフルト）のCCP**である。

対象取引は株式、先物・オプション、債券、レポ等で、接続する証券決済機関（CSD）は関係が深いクリアストリームやSIX SIS（スイスのCSD）だけではなく、ユーロクリア等にも接続している。

(3) ICE Clear[41]

インターコンチネンタル取引所（ICE：Intercontinental Exchange）は、**米国ジョージア州アトランタ**に本部を置く取引所で、エネルギー、排出権、農産物、株価指数などを電子取引で取扱いしている。ロンドン国際石油取引所やニューヨーク商品取引所などの買収によって規模の拡大を進め、2013年には取引所運営会社のNYSEユーロネクストを買収し、ニューヨーク証券取引所（NYSE：New York Stock Exchange）をも傘下に収めた。ICEは金融派生商品と現物の多くの取引所運営に加え、決済機関も各地で運営している。米国では2009年に「**ICE Clear U.S.**」、欧州では「**ICE Clear Europe**」が設立された。

---

(41) その後、2007年に米ニューヨーク証券取引所を運営するNYSEグループと欧州の多国籍取引所ユーロネクストが合併して誕生した取引所運営会社。2013年には米インターコンチネンタル取引所（ICE）がNYSEユーロネクストを買収。NYSEユーロネクストを傘下に収めたICEは、現物から商品先物やオプション取引など、デリバティブ（金融派生商品）まで投資できる巨大取引所になった。

4 アジア

アジア、香港には、前章の資金決済システムでも説明したが、香港のHKMAの「**HKMPSI**(42)」があり、「**証券決済機関**」(CSD)もリンクしている。香港の証券決済機関(CSD)の「**CMU**」(**Central Moneymarkets Unit**)は資金決済とDVP(Delivery VS Payment)決済を行っているほか、ICSDのユーロクリア(Euroclear)とクリアストリーム(Clearstream)に接続し、また中国(CCDC)(43)、韓国(KSD)(44)、台湾(TDCC)(45)、オーストラリア(ASX Austraclear)(46)のCSDともリンクしている。

「**アジア債券市場育成イニシアティブ**(47)」(ABMI)(48)とは、通貨危機の防止のために、アジアの証券市場、特に債券市場の育成を進める汎アジアのプロジェクトのこと。特にその中でも決済システムの整備が検討課題になった。

アジア通貨危機の再発防止のために、短期的な対策として外貨準備を融通する国家間の資金スワップ協定である「**チェンマイ・イニシアティブ**(CMI:Chiang Mai Initiative)」が締結され、中長期的な対策として「アジア債券市場」の育成が進められている。

---

(42) Hong Kong's Multi-currency Payment and Settlement Infrastructure

(43) China Central Depository and Clearing Company

(44) Korea Securities Depository

(45) Taiwan Depository & Clearing Corporation

(46) Australian Securities Exchange

(47) 筆者も財務省からの依頼で参加し、指導した。

(48) Asian Bond Markets Initiative

アジア通貨危機の根源的な原因は、米ドルと東アジア通貨の「通貨種類のミスマッチ」と、短期調達と長期貸付の「調達・運用期間のミスマッチ」によるダブルミスマッチである。それを解消するために、アジアにおいて現地通貨建てで中長期の運用・調達を可能にする「アジア債券市場」を育成する。このＡＢＭＩは各国の財務省と**アジア開発銀行**（ＡＤＢ：Asian Development Bank）が主体となって進められていた。

特に「**外為・決済システムワーキンググループ**」（ＦＸＳＩ：Foreign Exchange and Settlement Issue）で検討され、証券決済システム（ＣＳＤ）のリンクである汎東アジア証券決済システム「**Asia Link**」[49]構想が検討された。その方向性は、安全性・効率性・利便性の観点から、当初はバイラテラルのリンクからスタートし、最終的にはセントラル・ハブ（Central Hub）を目指すというものである。

クロスボーダーＤＶＰリンクについては、２０１３年ＡＳＥＡＮ＋３において「**クロスボーダー決済インフラ・フォーラム**」（ＣＳＩＦ）[50]が設置され、検討が先行して進められた。特に、アジア通貨の調達利便性向上やアジアでの日本国債の流通向上を目指し、ＡＤＢ主導で中銀のＲＴＧＳと振替機関であるＣＳＤのリンクなどが案として挙がった。

しかし、この**ＡＳＥＡＮ＋３**の枠組みは、日本・中国・韓国の３カ国（＋３）の関

---

(49) 市場で検討されている「Asia Clear」「Asia Settle」「Multinational CSD」「クロスボーダー証券決済機構」などとほぼ同じ概念。

(50) Cross-border Settlement Infrastructure Forum

係こそが根幹であって、その進展は国家（政治）的な関係の希釈化に沿って停止している。

第10章

Introduction of Settlement Infrastructure

近未来の決済インフラ

1 新型決済インフラの発展と課題

特に、新型決済インフラの**スマホ決済インフラ**は、リテール決済の中心となり、今後も大きな発展の余地がある。「スマホ」はまさに今世紀最大の〝**イノベーション**〟である。PayPay 等は当初よりスマホ決済インフラとして稼働している。さらには、日本の**マイナンバーカード（個人番号カード）**も取り込めるようになる。

「**スマホ**」が〝決済〟そして〝**リテール経済**〟の基盤になりつつある。もちろん、音声にせよ、映像にせよ、通信（コミュニケーション）ツールとしては必要であり、主たるインフラになるであろう。しかし、筆者は「懸念」を持っている。「スマホ」に過度に頼りすぎるのには、リスクがあると考える。

日本の治安の悪化による「**犯罪（決済）リスク**」もそうであるが、機械である以上「**機械**[1]**（決済）リスク**」は避けられない。特に、**壊れるリスク**である。重要になっていくほど、その機械リスクは上がっていく。読者の方もほぼスマホをお持ちなので実感として分かると思うが、劣化していき、いずれ壊れることもある。先にも書いたが、スマホの平均的な買い替え期間は約4・4年で、特に電池の劣化は約2・5年から始まるとい[2]われている。

---

(1) 故障、棄損、紛失。

(2) このスマホの〝電池〟の劣化を、EV、特に〝電池〟についても連想する方がいるのではないか。

スマホが、**コンティンジェンシープラン**[3]**（Contingency Plan）**や**ＢＣＰ（事業継続計画：Business Continuity Plan）**において、重要な連絡手段となっていくであろう。

今後、政府もいわゆる〝クラウド〟化が進んでいくことになろう。その場合、中央管理のシステムの体制が課題となる。もし国家（政府）がスマホを管理すると、デジタルレーニン主義（Digital Leninism）といわれる、国民管理の体制になっていく可能性がある。中国がデジタル人民元を導入し、それに近い体制になりつつある。西側先進国では、国家がどこまで管理[4]するのかが課題となろう。ちょうど、本書で前述した「**信用情報機関**」に似ている。信用情報機関は民間でそれぞれの分野の信用情報を管理している。もし、国家（政府）が管理するならば、独裁者に支配される、思想的に偏りがある等の異常な状態ではなく、正常に機能していることが前提となる。

その次の〝未来〟の世界を考えてみる。それは、スマホの無い世界である。もちろん、電話としての機能は何等かの形で残っていくであろう。その場合、最も重要となるのは「**本人確認**」（Identification：ＩＤ）である。そうなると、必然的に「**生体認証**」（Biometrics）が必要となる。

特に日本の公的な生体認証では「顔認証」が使用されている。それも「瞳と瞳の

---

(3) たとえば、電力供給の途絶に備え、銀行の支店では、非常用発電機が設置してあり、定期的に稼働確認を行っている。

(4) もちろん、犯罪情報を警察で共有することは必須である。２０２６年度に「電子逮捕状」などが導入される。

図表10－1 生体認証の種類

生体認証の種類	補足
指紋認証	スマホなどで一般化
顔認証	スマホやパソコンで一般化
虹彩認証	
指静脈認証	
声紋認証	
耳介認証	耳たぶの形等
DNA認証	
行動認証	歩き方、筆跡等

（出所）筆者作成

間」と「両方の顎の関節の間」の2カ所でチェックする。変装していても、整形手術を受けても、その2点は変えることができない。瞬時に判別できる。

先にも述べたが、個人管理に注力しているのが「**中国**」（China）ではないかと考える。中国人民銀行（People's Bank of China：PBC）は、個人のクレジットカードとデビットカードの役目を果たす「銀聯[5]」（Union Pay）に加え、Alipay（アリペイ／支付宝）やWeChat Pay（ウィーチャットペイ：微信支付）などの「第三者決済機関」である「網聯決済」（NUCC：NetsUnion Clearing Corporation）の個人情報も収集し管理している。更に、収集できていなかった現金（紙幣・貨幣）につい

(5) 銀聯とは「銀行協会」が行う決済サービス会社。

ても、「デジタル人民元」を導入することにより、管理が可能となる。この中央集権的な管理が、一つのデジタル化の最終形ということもできる。デジタル人民元は基本的にはスマホで使用するが、スマホを所有していない年配者などへの対応にはプラスティックカードを配布している。そのような中央集権的な管理が望ましい姿なのかというのがデジタル化の課題である。

日本や欧州（特にドイツ）は、第二次世界大戦の個人情報収集による過去があることから、過度な個人情報収集を避ける傾向が強い。個人番号「マイナンバー」のカード「マイナンバーカード」の普及も〝任意〟(6)としている。足元、普及率は約8割となっている。

2　銀行の再編と役割の変化

日本経済のバブルの崩壊によって、金融機関の経営が困難になった。1997年11月には、北海道に本店がある都銀であった「北海道拓殖銀行」（北拓：Hokkaido Takushoku Bank）や、日本で上位の証券会社であった「山一證券」（Yamaichi Securities）が破綻した。当時、米国の財務長官であったローレンス・サマーズ(7)（Dr.

(6) 最大2万円分のポイントが付与される「マイナポイント配布」という〝金で釣る〟作戦も普及に対する〝なりふり構わぬ姿勢〟が感じられた。

(7) サマーズの考え方は、ショックを与えたいが、日本経済に大きな悪影響を与えないサイズの銀行ということの様である。

Lawrence Summers）の影響もあり、１９９８年秋には、とうとう大手である「日本長期信用銀行」（長銀：Long-Term Credit Bank of Japan, Limited：ＬＴＣＢ）や「日本債券信用銀行」（日債銀：Nippon Credit Bank：ＮＣＢ）が破綻することとなった。

　この流れの中で、**都市銀行**（City Bank）も１９９０年ぐらいまで**13**あったものの、現在は〝**3メガバンク**〟：**三菱ＵＦＪ銀行**（MUFG Bank）、**三井住友銀行**（Sumitomo Mitsui Banking Corporation：ＳＭＢＣ）、**みずほ銀行**（Mizuho Bank）と〝**2りそな**〟[8]：りそな銀行（Resona Bank）[9]、埼玉りそな銀行（Saitama Resona Bank）となっている。

　２０２１年５月「**銀行法**」が改正され「**業務範囲規制**」と「**出資規制**」が大幅に変更された。元々、第二次世界大戦前、銀行は財閥の中核であったとして、戦後、銀行は業務範囲が制限されたと、会社への**出資比率**[10]を**5%**までとする出資規制[11]もあった。それらの制限が緩和され、銀行以外の業務も他業務の企業への出資もできるようになった。つまり、これは**地方の経済の活性化をする経済政策**で、銀行がその原動力になることを期待されている。

　日本経済は、経済の一生を見た場合、高度成長期[12]を過ぎ、経済の老化の時期を迎えている。基本的には、銀行の経営状況というのは、その担当のエリアの経済状況の影

---

(8) りそな銀行は、この「2りそな単位」で対応することを希望された。

(9) ラテン語で「Resona＝共鳴する、響きわたる」という意味。

(10) ちなみに、銀行では貸出には期間があるが、出資は無期限であり、その審議は出資金が1円でも役員決裁であった。

(11) 一般的には5%ルールといわれた。

(12) 高度（Hyper）というのは経済学では、10%以上の場合。

響を受ける。

しかし、全国に支店を展開するメガバンクは国内[13]では500店舗のうち300店舗を閉める。6割を閉める産業となっている。収益性が落ちてくる産業には特徴がある。グループ化が進んで、合併・統合が進む。地方銀行、信用金庫、信用組合、証券なども含めた金融機関もそうである。合併（統合）はまずはコスト削減に資する。「合併」、「持ち株会社化」、「業務提携」があるが、持ち株会社化は、やりやすいが、コスト削減効果が合併に比べて少ない。「業務提携」では営業的には効果はある。持ち株会社化と業務提携は将来の合併の可能性がある。合併・持ち株会社化は地域が近い先が多い。近隣である以外にも以下の事由がある。

(1) システム共同化

システム（特に勘定系システム）は、銀行業務の根幹をなすシステムであり、莫大なコストが掛かる。そのため、共同でシステムを使用・管理すれば、コストの削減になり、合併の事由と考える〈図表10－2参照〉。

(2) 戦略的資本提携

資本提携は業務提携と比べて、経営的に近く、合併の可能性も高い。「ＳＢＩ」は

(13) 海外への進出には注力している。

図表 10 − 2 銀行共同化システム

IT ベンダー	共同化システム名	数	銀行名
NTT データ	地銀共同センター	14	西日本シティ、京都、池田泉州、山陰合同、愛知、大分、岩手、秋田、四国、千葉興業、福井、青森、みちのく、鳥取
	MEJAR	6	横浜、広島、七十七、北陸、北海道、東日本
	STELLA CUBE	11	きらぼし、名古屋、清水、きらやか、但馬、長野、仙台、東北、富山、神奈川、福邦
	BeSTAClould	10	北都、荘内、南日本、沖縄海邦、宮崎太陽、豊和、福岡中央、長崎、佐賀共栄、あおぞら
	りそな	2	関西みらい、みなと
日本 IBM	TSUBASA	5	千葉、北洋、第四北越、中国、東邦
	Chance	8	常陽、足利、十六、南都、山口、百十四、もみじ、北九州
	じゅうだん会	7	八十二、武蔵野、阿波、宮崎、山形、琉球、筑波
	Flight21	3	福岡、十八親和、熊本
日立	Banks' ware	1	肥後
	NEXTBASE	11	三十三、栃木、徳島大正、中京、香川、大光、北日本、トマト、高知、大東、静岡中央
	OpenStage	2	静岡、滋賀
BIPROGY	BankVision	10	百五、大垣共立、鹿児島、紀陽、北國、山梨中央、スルガ、佐賀、西京、筑邦
NEC	BankingWeb21	1	東京スター
富士通	PROBANK	0	24 年 5 月に終了

（出所）筆者作成

2019年以降、第4のメガバンクを目指し、〝**地銀再生プロジェクト**〟（地銀連合構想）と銘打ち、SBI新生銀行を中核銀行として、島根銀行、福島銀行、筑邦銀行、清水銀行、東和銀行、きらやか銀行、仙台銀行、筑波銀行、大光銀行の各行と資本業務提携を相次いで結んできた。運用も、SBIに集中させた。最近の銀行業界の経営不調の影響を受け、ややペースダウンしている。

(3) 銀行と信用

近年、従来型の銀行業務に参入する企業が増えている。銀行（金融機関）という業務を分析して再考してみると、「決済」を始めとして、金融において、最も大事な本質「コア・コンピタンス」（Core Competence）は「**信用**」（信頼[14]）と考える。銀行だったら、しっかりやってくれるということである。逆に言うと、その「信用」しか残らないのではないかと考える。より、本質的な言い方をすれば「**インテグリティ**」（誠実[15]：Integrity）ということになる。そこが他の産業以上であることが大事となる。

また、決済業務では、商取引の最終段階であり、企業・個人の経営にも大きな影響があることから、特に「堅確性」が大事となる。

また、現在、決済ヒエラルキーの中で、リテール決済の進展・発達がその中心である。その点で、この「信用」ということは忘れてはならない。

---

(14) 近年の三菱UFJ銀行の「貸金庫の金品盗難事件」は、銀行ビジネスの根幹を揺るがす大問題である。

(15) 中国語だと「誠真」となる。

〝短期〟的な経営であれば、短期的な収益重視でも良いが、長期的な経営を考えた場合、特にお客様との関係や従業員との関係でもこの「インテグリティ」こそ大事だということが認識されてくる。

いい換えればこのインテグリティを、今後の銀行の「コア・コンピタンス」（根源的な強み）とするビジネスを展開することが経営の基盤になる。実は、「インテグリティ」こそ「銀行の強み」なのである。～Payや暗号資産（仮想通貨）などの「新型決済インフラ」はシステムの堅確性とともにこの部分が弱い。

さらに長期的な企業統治の目標では「ＥＳＧ」（環境・社会・統治（ガバナンス））を重視した経営になっていく。社会目標では「ＳＤＧｓ」（持続可能な開発目標）となる。基本的にはインテグリティと同じ方向である。

3　ゆうちょプラットフォーム

日本の大きな決済（金融）プラットフォームとして「**ゆうちょ銀行**」（Japan Post Bank）がある。郵便局は郵政民営化法によって、ホールディングカンパニーの日本郵政、そして、子会社の位置付けの日本郵便・ゆうちょ銀行・かんぽ生命に分割された。店舗である郵便局は〝2万4千店〟を数え、従業員は約43万人である。

（民間）銀行では「預金」というが、ゆうちょ銀行などでは「**貯金**」という。「**貯金**」はおカネをお国と自分のために貯める。[16] それは日本人に、江戸時代になかった貯蓄の習慣を根付けさせるためでもあった。一方、「預金」はおカネを預けて、株式のように企業に投資する、今でいう証券会社に近い機能で、一口5円（現在の10万円）以上の大口しか取扱いをしなかった。[17] 郵便貯金は1875年（明治8年）から、イギリスの制度を参考にして国策として始まった。

現在では貯金口座は約1億2千万口座、貯金総額は約180兆円で**邦銀1位**である。郵便制度というものは、郵便貯金より早く1871年（明治4年）に始まった。そもそも、郵便という形が送金（決済）と同じ形態である。郵便局には、民営化されるまでは、特定郵便局、普通郵便局、簡易郵便局の3つがあり、全国郵便局長会（全特）とは、旧特定郵便局の局長が組織・運営する団体である。特定郵便局とは、もともとは、無償で土地・建物を提供するもので、郵便局の約4分の3がこれに当たる。日本郵政は、この2万4千店の維持を前提としており、〝公共性〟を持たざるを得ない。

(1) 郵便局の送金

日本各地、津々浦々にあり、どこでも同一の「ユニバーサルサービス」を旨とした、

---

(16) 以前は「ゆうちょ」は政府であった。

(17) 銀行は1873年（明治6年）に始まった。銀行には最低預金金額もあった。

決済・金融ネットワークとなっている。「送金」には、現金書留、小切手、郵便為替、そして振込がある。「振込」とは口座から口座への送金をいう。ゆうちょ銀行も、民営化され、2009年に全銀システムに加盟し、全国の銀行支店に振込ができるようになった。郵便局には、現金書留や郵便為替など、特有の制度もある。

海外の郵便局とも連携しており、欧州では郵便局の決済システムを**GIRO**（ジャイロ）といい、**ユーロジャイロ（EUROGIRO）**が欧州全体をカバーしている。米国のACHに近い。決済制度、特にリテール（顧客）取引の分野の決済インフラは、その国・地域によって、独特な制度が多い。

(2) ATM・スマホ決済インフラ

ゆうちょ銀行のATMは3万2千台ある。同業の「セブン銀行」（ATM2万5千台）のATM利用額が2019年に下落に転じている。それはコンビニエンスストアの出店の限界とリンクしている。

また、スマホ決済インフラ（サービス）として「**ゆうちょペイ**」が導入されているが、銀行が導入している「Bank Pay」という標準型の商品である。いわゆる「Payシリーズ」では9位となっている。キャッシュレス系の品ぞろえとして、クレジットカードもあるが外部インフラであり、経営に資するとは考えられない。

(3) ECネットワーク

地域貢献、そして法人取引においては、すでに商品の販売を行っており「**ふるさと小包**」として**商社機能**を持っている。物流・ECであり、これは日本郵便が担当している。

最近、日本郵政が、中国テンセントと米国ウォルマートと共に「楽天」に出資した。まずは、楽天はインフラ（基地局）設置に資金が必要であったし、日本郵便は物流の面で良い効果を期待している。Yahoo! JAPANやZOZOを傘下に持つZホールディングスは、ヤマトホールディングスと提携している。

(4) 地銀統合

銀行業界は、現在、基本的に〝再編〟の真っ只中にある。メガバンクの支店は基本的に約500店あるがそのうち預貸率に合わせ約6割を削減する。地方銀行でも2割削減する。特にリテール顧客にとって問題になるのが、「地方」である。現在の当局の案では、撤退する支店は地方経済に与える影響も大きいので「**事業会社**」に「銀行代理業」を取得させて、継承させようとしている。

銀行代理業では法人取引ができない。そのため、その点に関しては「特例」あるいは「法改正」をして対応するとのことである。この案に筆者は「強い違和感」があり、それよりも銀行である**ゆうちょ銀行**に引き継ぐべきであろう。逆に、ゆうちょ銀行としても、2万4千店の店舗網を活用する意味からも業務を引き継ぐべきである。

郵便局は、すでに、南都銀行、山陰合同銀行、紀陽銀行を始めとした地域金融機関との対応を始めている。

(5) 公共ネットワーク

また、ゆうちょ銀行の悲願ともいえる**貸出し**であるが、この地方銀行の業務を引き継ぐような形で粛々と始めるのが最適と考えている。無理して拙速に開始するとトラブルの温床になる。地銀の引継は地方経済（企業・住民）のためにもなる。

公共的な業務という意味では、2万4千店の広域に広がった店舗とその公共性からいっても、地方公共団体やJRなどの**公的業務**と親和性が高い。この店舗には、スマホ決済インフラなど、ある意味〝ドライ〟な取引ではなく、人間味のある、顔のある取引をしていただきたい。このような広域・公共的金融インフラには非常に重要な意味がある。すでに公的窓口サービスも行われている。

4　通貨になるCO2

環境：気候変動対策は、世界的に重要政策の一つである。特に「脱炭素」や「排出量（権・枠）取引」も開始されている。特に、温暖化ガスの中でも「CO2」が焦点となっている。今回も「経済産業省」（METI[18]）と「環境省」（MOE[19]）が所管し、政策を推進している。

国内では、政府は「地銀の再編」と共に「環境対策の推進」、具体的には「国内の温暖化ガスの排出を2050年までに〝実質〟ゼロ」とする方針を示している。さらに一歩踏み込んだ形で「**カーボンプライシング**」（CP：Carbon Pricing）の導入も検討されている。その〝実質〟という言葉が重要で、これは〝排出量取引を活用する〟ということを示している。いわゆる「**グリーン成長戦略**」で経済効果もあるとしている。まさに一石二鳥の政策である。

今年は、環境問題にとって重要な年である。温暖化対策の国際枠組みは「パリ協定」（2016年）であるが、今年米国の大統領に就任したトランプは脱退したからである。米国は中国に次ぐ世界第2位の温暖化ガス排出国であり、かつ世界一の経済大国であり、世界の温暖化対策が大きく後退する。気候変動に関しての国際的な協定

(18) Ministry of Economy, Trade and Industry

(19) Ministry of the Environment

である「パリ協定」は、21世紀末までの世界の平均気温の上昇を産業革命前の2度以内、そして+1・5度にとどめるというものである。

「カーボンプライシング」とは、炭素に価格を付けることで、そうすると経済的な原理に乗りやすくなる。基本的には「カーボン（炭素）の値段」は〝**炭素税**〟と〝**排出量取引**〟の「価格」で決まる。そうすると経営や政策などの検討・推進に入れやすくなる。

現在、世界には国際機関、行政、民間で「**国連**」を頂点（ヒエラルキー）として、様々な「排出量」（権・枠）取引（決済）が行われている。基本的には、「キャップ&トレード」、すなわち、各国家や各企業で温室効果ガスの排出枠（キャップ）を定め、排出枠が余った国や企業と、排出枠を超えて排出してしまった国や企業との間で取引（トレード）する制度である。

また、EUなどが、「**カーボンリーケージ**」防止の名目で「国境調整措置」について検討を進める中、公正な競争条件を確保することが大事になっている。まずリーケージとは「漏れ」を意味する。そして、環境対策をしている国と環境対策をしていない国があった場合、商品のコストは環境対策をしていない国の方が安くなる。そのために、国境で関税としての「**国境炭素税**」を導入する。日本も現在、関税的な「**環境炭素税**」の導入を検討している。

さらに、最近の日本国内におけるカーボンプライシングや排出量取引の政策的な盛り上がりも、この環境対策をしている国と〝国際的に認識される〟ことが目的の一つである。今回、日本の産業界が前向きな姿勢を示しているのも、このようなグローバルな風潮を読み取ったものである。「環境政策をしっかりやっている国」と認められなければならない。そうでないと〝関税〟が掛けられ競争力が低下するのである。

さらに、課題は国際的な条約（公約）であるため「国際交渉」に掛かる部分が大きいということである。また、このCO_2を削減する方向はいいとして、それを過度に進めると、温暖化は抑えても、製造業を始めとした産業や経済が成り立たなくなるのではないかという懸念もある。いうまでもないが、この排出量取引が、外資を中心とした「投機」の場となることは絶対に避けなければならない。この制度設計自体、中央銀行による流動性供給のコントロールで、いわゆる金融政策に近い。

さて、大きい〝制度設計〟をするときは、そもそもの基本的な性質や理念を確認することが最も重要となる。世界中で〝CO_2〟が取引対象になっているという事実は、CO_2は様々な通貨と取引がされている、つまりCO_2は世界中の通貨と交換できるということである。すでに、CO_2そのものが国際的に通用する〝国際通貨〟としての役割を果たしていると考えている。

通貨には基本的な役目が3つある。「ものさし」（価値基準）・「資産」（貯蔵手段）・

「支払」（決済手段）である。欧州諸国で通用するユーロは特殊だが、基本的には通貨は国家の概念と一致する。そのため世界通貨としての広がりを持つには、他の国でも使われる必要がある。

「国際通貨のうち主要なもの」を国際経済学では〝**基軸通貨**〟と呼ぶ。かつて基軸通貨はポンドだった。それがドルになり、そしてドルからユーロへなるのかともいわれていたが、そうなってはいない。ポンドより以前の世界通貨は「金」であったともいわれている。紙幣の登場以前には金は世界中で価値が認められたが、実用的にはコイン（硬貨）は一般的に「銀」が使われていた。ドルのマークに〝$〟が使われている理由はシルバー（Silver）の〝S〟が語源といわれている。紙幣は国（中央銀行）が保証している価値なので、国が崩壊してしまうと単なる紙に戻る。金や銀のような鉱物が通貨の役割を果たしてきたのは、〝鉱物〟自体に価値があるためだ。

今や「**CO^2**」（**排出権**）も世界中で売買されるほどに〝価値〟があり、その点でCO^2は鉱物にも近い性質を持つ。したがって、CO^2は事実上、国際通貨の性質を持って世界中に広がり、しかも価値（価格）は年々上昇している。通貨としては強く、国際通貨や基軸通貨になる条件として有利な位置にある。中央銀行、そして世界の中央銀行として管理は、すでに国連が行っている。現在、投資マネーの約2割が環境を意識している。

誤解も多いが、決して、物理的なCO_2の生産量をそのまま通貨にするわけではない。**管理されたCO_2の排出量**を通貨とするのである。

本件は「金融包摂」も進める。金融の知識を社会全体が身につけることで、経済成長させる。よく新興国で「デジタル通貨」を検討する理由の一つが、この金融包摂である。このCO_2を国際通貨、そして、基軸通貨にさせることは、金融はもちろん、環境についても包摂ができて一石二鳥ともいえる。CO_2は、いつか、〝通貨〟になると考えている。環境問題の対応は人間の賢さを示す。

5　円の準基軸通貨化・日本の金融躍進

かつて、日本では「**円の国際化**」(Internationalization of Yen) という政策が推進され、筆者も委員会などで協力させていただいた。通貨の日本円についての書籍も多数執筆[20]させていただいた。

(1) 新通貨の活用

米国の経済問題に、貿易赤字（経常赤字）と財政赤字「双子の赤字」がある。その

(20) 『通貨経済学入門（第2版）』『マネークライシス・エコノミー』（以上、日本経済新聞社）、『円安vs円高（新版）』、『金融が支える日本経済』（以上、東洋経済新報社）など。

赤字の多くを補填していたのは、米ドル紙幣である。「**ドル紙幣**」は米国最大の輸出品である。そのドル紙幣が商品となって輸出されているのである。

米国に駐在した経験からいうと一般的に日常生活で使用されるのは「20ドル札」までで、一般生活の中では「100ドル札」「50ドル札」は使えない。輸出用なのである。

日本も新通貨（紙幣・貨幣）を出した。前述したが、技術の水準では〝世界一〟ともいわれている。足元、ドル札の偽札も増えてきている。この状況はある意味チャンスである、まずは、その分、日本の**技術水準で**カバーできないものか。1万円札は大体100ドル札ともいうこともできる。せっかく作った新通貨を世界にアピール（販売）しないのはもったいない。いまこそ、世界中で使用を促すべきである。

米国の様に赤字をカバーするまでにはいかないまでも、そのようにドル札よりも安全度が高いということで、選択される可能性は十分ある。これも円の国際化の一手法である。

また、通貨は国を代表する**工業製品**であり、世界各国の通貨製造の受託を積極的に進めるべきである。

(2) 新日本国際決済システム

先に説明した香港の国際的決済システム「Financial Infrastructure in Hong Kong」が一つの手本になると考える。香港当局は、当局の戦略として以前は「貿易」と「金融」で生きていくとした。その後、**HKMA（香港金融管理局）**[21]の指導のもと、「金融」のみで生きていくとして、前述した決済システム **Financial Infrastructure** を作り上げた。

特徴とすれば、香港ドルも一部であるが、**米ドル、ユーロ、人民元**の即時決済（PVP）を〝**民間銀行**[22]〟経由で実現した。更に、証券決済とのリンク、周辺の国々の中央銀行と接続を広げていった。日本も円だけにこだわる必要はないのである。日本に「新日本国際決済システム」を作り様々な通貨が飛び交う「**国際金融インフラ**」になればよいのである。

現在、香港は、中国政府によって取り込まれつつあり、以前の金融市場の華やかしさが失われつつある。これはある意味チャンスである。

もちろん、政治的な課題があるが、親しい国から開始すればよい。そして、香港がやっているように、民間銀行（メガバンク）のネットワーク[23]を使って[24]接続すればよい。

実はこの案は検討された経緯があった。そのため情報はすでに蓄積されている。

---

(21) 財務省と中央銀行の機能が合体した、香港の金融当局。

(22) 民間銀行経由でもRTGSやPVPが成立するとの立場である。

(23) HKMAにこのFinancial Infrastructureのネットワークについて、個人的に直接詳しく相談した。

(24) フランスやドイツなどは民間との関係が近い。

「新日銀ネット」(New BOJ-Net) の次の開発プロジェクトとして推進するべきである。さらに、日本銀行の流動性節約機能を始めとした、高度な機能の更なる活用も可能となる。日本銀行はSWIFTをネットワークとして使用する可能性はほとんどなく、ネットワークもSWIFTにこだわる必要もない。

(3) 円リンクの勧め

現在、**ドル1極集中リスク**が注目を集めている。トランプ新大統領が何をするかわからないものの、とりあえずドルのみが一強（トランプ・トレード）として、市場は動いている。ブロック経済化していくのでも問題であるが、更に万が一、トランプがFRBに圧力をかけ、米国金利の引上げを行うと、新興国に還流していた資金が一気に米国に逆流する。それが「**通貨危機**」である。様々な通貨危機の原因のほとんどは、米国の利上げなのである。

対して、日本円は経済が老齢期に入ってきたこともあり、為替レートは安定している。たとえば、円は2024年から140円~160円という狭いレンジに安定している。日本経済に近い関係のある国は、通貨制度として日本円にリンク（固定）させた方が良いのではないか。それは、これからの、トランプの経済政策の不透明さからの避難でもある。

(4) 日本金融業の強化

世界の金融業と日本の金融を比べたときに、日本の〝**金融サービス**〟のGDP比率は非常に低く、**英国の半分**ぐらいしかない。しかし、現在、国内の金融は縮小傾向である。現在のやり方ではどうしようもなく、海外も含めた新しいやり方を考えるしかない。それが日本の経済成長（GDP）につながるものと考える。日本では、「金融」が主体となって政策を進めることは避けられる（遠慮する）傾向があった[25]。先にも述べたが、決済を始めとした海外のネットワークのフル活用が求められる。

　香港や欧州の様に、日本でも日本銀行を始めとした公的な機関との「協働体制」が必要不可欠となる。

(5) 国際金融教育の強化

日本の金融・経済・投資教育には間違いがある。たとえば「**High Risk High Return**」（**ハイリスク・ハイリターン**）という言葉である。日本ではRiskを「Hazard」（危険）のイメージで説明する。投資にはよく出てくる言葉であるが、一般のお客様にこの言葉を使うと、ほぼ投資をやめる。〝Risk〟とはもともとは〝**Venture**〟（挑戦・努力）に近い意味で、海外では「High Risk High Return」は、挑戦すればうまくい

(25) 最近まで、経団連の会長も金融関係者はなれなかった。

く、頑張ればうまくいくという意味である。この Risk という言葉の使い方でどれだけ投資をあきらめた方が多いか。

更に言うと「円安」に行くと喜ぶというのも、現在はいかがなものかと思う。現在、輸出産業の多くの部分は海外に出て行ってしまった。先の**新日本国際決済システム**の話でもないが、お金が入ってきて活性化して欲しい。今後も問題となってくる、大量発行されている国債を購入されることが必要となる。

筆者は国債もある程度、「海外の投資家」が保有した方がよいと考える。それは、あたかも、株式の持ち合い（政策投資）を止めて、バロメータ機能を取り戻すのと似ている。あまりにも**財政**が悪化すると、国債が売られるなど、市場の評価が見えるようになり、財政の健全化に資する。

その動きを円滑に支えるのが、**決済インフラ**である。

索　引

あ行

か行

さ行

た行

な行

は行

ま行

や行

ら行

わ行

数字・A-Z

【著者紹介】

宿輪純一（しゅくわ・じゅんいち）

現職　博士（経済学）・帝京大学経済学部教授、社会貢献公開講義「宿輪ゼミ」代表

専門　金融・通貨・決済・国際金融、企業戦略、映画評論・監修

学歴　1963年生　麻布高校・慶應義塾大学経済学部卒業

職歴　1987年　富士銀行新橋支店入行。国際資金為替部、海外勤務等

1998年　三和銀行企画部入行。決済業務部、合併で、UFJ銀行

UFJホールディングス経営企画部、UFJ総合研究所国際本部等

2006年　合併で、三菱UFJ銀行企画部経済調査室、決済事業部等

2015年3月　退職

2015年4月　帝京大学へ奉職（現職）

教歴　2003年　東京大学大学院非常勤講師（3年）

2007年　早稲田大学非常勤講師（5年）

2012年　慶應義塾大学非常勤講師（5年）

委員会歴　アジア開発銀行「アジア債券市場育成イニシアティブ（ABMI）」、財務省「ASEANの為替制度と域内金融市場の発展に関する研究会」、経済産業省「グローバル財務戦略研究会」、外務省「アジア太平洋経済社会委員会」、デジタル庁「日本デジタル空間経済連盟」「デジタル証明委員会」、全国銀行協会「SWIFT委員会」「全銀システム検討部会」、JP（日本郵政）「金融2社将来創造PT」「郵政金融ユニバーサル研究会」他

著書単著　『通貨経済学入門（第2版）』、『アジア金融システムの経済学』、『実学入門　社長になる人のための経済学―経営環境、リスク、戦略の先を読む』（以上、日本経済新聞社）、『決済インフラ入門〔2025年版〕』、『ローマの休日とユーロの謎―シネマ経済学入門』（以上、東洋経済新報社）、『はじめまして、経済学』（ウェッジブックス）

著書共著　『マネークライシス・エコノミー―グローバル資本主義と国際金融危機』（日本経済新聞社）、『金融が支える日本経済―真の成長戦略を考える』、『円安vs.円高 どちらの道を選択すべきか（新版）』、『決済システムのすべて（第3版）』、『証券決済システムのすべて（第2版）』（以上、東洋経済新報社）他

TV経済解説　NHK、テレビ東京、TBS、日本テレビ、フジテレビ、日経CNBC他

TVドラマ監修　TBS『VIVANT』、『集団左遷!!』、『義母と娘のブルース』、テレビ朝日『プライベートバンカー』、『緊急取調室』、『東京独身男子』、日本テレビ『恋はDeepに』他

連絡先　E-Mail：shukuwa@shukuwa.jp

ウエブサイト　http://www.shukuwa.jp/

Facebook　https://www.facebook.com/groups/shukuwaseminar/

YouTube　YouTube宿輪ゼミ

社会貢献活動　社会貢献公開講義「宿輪ゼミ」～Facebookからご参加ください

（会員1.2万人・2006年～19年目・450回超開催・日本経済新聞で紹介）

決済インフラ大全〔2030年版〕
新型スマホ決済から新決済リスク、金融業態改革、次世代決済まで

2025年4月1日発行

著　者――宿輪純一
発行者――山田徹也
発行所――東洋経済新報社
〒103-8345　東京都中央区日本橋本石町 1-2-1
電話＝東洋経済コールセンター　03(6386)1040
https://toyokeizai.net/

装　丁………石間　淳
DTP………アイシーエム
印　刷………港北メディアサービス
製　本………積信堂
編集担当……岡田光司

Printed in Japan　ISBN 978-4-492-68152-7